rororo sport

Herausgegeben von Bernd Gottwald

Christoph Anrich

FUSSBALL:
LEISTUNG STEIGERN,
VERLETZUNGEN VERMEIDEN

Empfohlen vom Bund Deutscher Fußball-Lehrer
Mit Fotos von Horst Lichte

Rowohlt Taschenbuch Verlag

Originalausgabe
Veröffentlicht im Rowohlt Taschenbuch Verlag
GmbH, Reinbek bei Hamburg, Juni 2002
Copyright © 2002 by Rowohlt Taschenbuch Verlag
GmbH, Reinbek bei Hamburg
Redaktion Michaela Breit
Umschlaggestaltung any.way, Birte Holländer
(Foto: Bongarts)
Illustrationen:
Gerda Raichle S. 44, 54, 99
Stefanie Kleinschmidt S. 30, 31, 45, 78, 82
Satz Minion und Thesis PostScript
QuarkXPress 4.11
Gesamtherstellung Clausen & Bosse, Leck
Printed in Germany
ISBN 3 499 61031 0

Die Schreibweise entspricht den Regeln
der neuen Rechtschreibung.

INHALT

7 **VORWORTE**

9 **EINFÜHRUNG**
11 **BEWEGLICHKEITSTRAINING IM WANDEL**
14 Wozu Dehnungsübungen?

17 **VERLETZUNGSPROPHYLAXE BEIM FUSSBALLTRAINING**
19 **SPORTARTSPEZIFISCHE VERLETZUNGSPROPHYLAXE**
24 Wovon ist die Verletzungsprophylaxe abhängig?
28 Muskuläre Unausgewogenheiten
34 Fußballtraining und schädliche UV-Strahlen
35 Schmerzen bei Verletzungen
36 Sportmassage
36 Lymphdrainage
37 **WIRKUNGSWEISEN DES BEWEGLICHKEITSTRAININGS**
39 **WEITERENTWICKLUNG DES BEWEGLICHKEITSTRAININGS**

41 **DER MUSKEL**
41 **MUSKELARTEN**
42 Quer gestreifte Skelettmuskulatur
43 Glatte Muskulatur
43 Herzmuskulatur
43 **DER MUSKELAUFBAU**
47 Bindegewebe und Sehnen
50 Muskelfasertypen
52 Die Muskelfibrille
54 Die Muskelfaserlänge
55 **MUSKELVERLETZUNGEN VERMEIDEN UND BEHANDELN**
58 Muskelzerrung
60 Muskelfaserriss
61 Muskelbündelriss
61 Muskelprellung und Quetschung
62 Muskelkater
68 Muskelkrampf
69 Muskelverhärtung
69 Die motorische Einheit
70 Richtig essen und trinken vermeidet Verletzungen
72 P.E.C.H. gehabt – Sofortmaßnahmen bei Muskelverletzungen

77 BEWEGUNGSSTEUERUNG –
NERVENSYSTEM

77 DIE NERVÖSE STEUERUNG
DER MUSKULATUR

79 FUNKTION DER MUSKEL-
SPINDEL

82 Muskeltonus

84 Muskelspannung mit der Elektromyographie messen

87 BEWEGLICHKEITSTRAINING ALS
VERLETZUNGSPROPHYLAXE

88 EINFLUSSFAKTOREN AUF DIE
VORBEUGUNG VON VER-
LETZUNGEN

89 Das Aufwärmen der Muskulatur

90 Trainingsvoraussetzungen

94 SYSTEMATISCH TRAINIEREN –
RICHTIG TRAINIEREN

95 DIE STRUKTUR DER MUSKEL-
FIBRILLE

99 DER PI-EFFEKT

100 ACHTSAMES DEHNEN LÖST
VERSPANNUNGEN

100 Grenzen des Beweglichkeitstrainings

103 DIE ÜBUNGEN

105 BEWEGLICHKEIT BEIN-
MUSKULATUR

147 BEWEGLICHKEIT RUMPF-
MUSKULATUR

161 BEWEGLICHKEIT SCHULTER-,
ARM-, OBERER RUMPF-
BEREICH

167 STABILISATION SPRUNG-
GELENK

174 STABILISATION KNIEGELENK

183 STABILISATION RUMPF- UND
BAUCHMUSKULATUR

189 STABILISATION RUMPF- UND
RÜCKENMUSKULATUR

199 RÄUMLICHE ORIENTIERUNG –
KÖRPERBEHERRSCHUNG

202 KRÄFTIGUNG OBERSCHENKEL-
RÜCKSEITE

207 KRÄFTIGUNG GESÄSS

210 ANHANG

210 GLOSSAR

212 LITERATURHINWEISE

215 DER AUTOR

216 DAS MODELL

VORWORTE

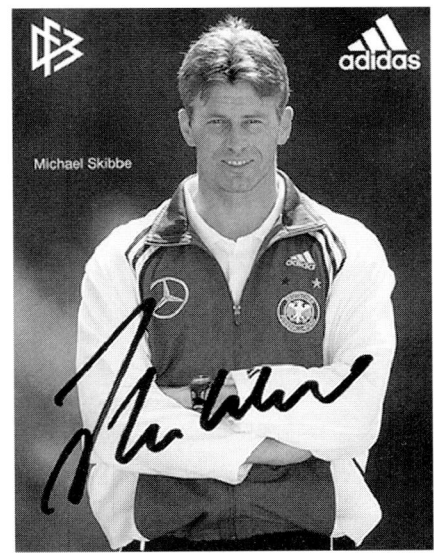

Michael Skibbe

Erich Rutemöller

Zu einer gezielten Talentförderung gehört eine optimale Trainingsgestaltung mit einer individuell ausgerichteten Begleitung der Spieler. Sowohl die Leistungssteigerung als auch die Vermeidung von gesundheitlichen Defiziten sind Elemente der Trainingsplanung und wesentliche Bestandteile einer verantwortungsvollen Gesamtkonzeption. Nicht nur Nationalspieler sollen bestmöglich betreut werden, auch in der Nachwuchsförderung setzt man verstärkt präventive Maßnahmen um. Sie helfen, erworbene technische Fertigkeiten und taktische Fähigkeiten zu entfalten, sich planmäßig auf den Wettkampf vorzubereiten und Verletzungen bestmöglich zu vermeiden.

Christoph Anrich ist ein anerkannter Referent in der B-, A-Lizenz- und Fußballlehrerausbildung. Mit dem vorliegenden Buch werden nicht nur Vermittlungsmöglichkeiten in der Trainerausbildung angesprochen, es bietet auch genügend Stoff für alle fußballinteressierten Leser. Es ist eine wichtige Grundlage für ein wirkungsvolles Training.

Mit diesem anschaulich gestalteten Buch füllt Christoph Anrich eine Lücke insbesondere hinsichtlich der Prävention. Sein fundiertes Wissen vermittelt für Trainer und Spieler theoretische Grundlagen und eine große Auswahl geeigneter Übungs- und Trainingsformen mit dem Ziel einer optimalen Leistungsentwicklung.

Wir wünschen viel Freude bei der Lektüre und bei der Anwendung im Training und Wettkampf.

13. März 2002
Michael Skibbe (Bundestrainer) /
Erich Rutemöller (DFB-Trainer)

Verletzungsprophylaxe – eine der zentralen Aufgaben des Trainers

Fußball gilt fälschlicherweise als besonders verletzungsträchtige Sportart. Berücksichtigt man die große Zahl von Spielerinnen und Spielern, die mehrfach wöchentlich trainieren und am Wochenende Meisterschaftsspiele bestreiten, so relativiert sich die Verletzungsstatistik, die von den Kritikern als Argumentationshilfe herangezogen wird.

Dennoch ist jede im Training oder Wettkampf erlittene Verletzung einer Fußballerin oder eines Fußballers zu bedauern, zumal viele davon zu vermeiden wären. Genau an dieser Problematik setzt das vorliegende Buch von Christoph Anrich an. Der Autor zeigt sehr eindrucksvoll, wie sich Verletzungen durch richtiges Training und gezielte Trainings- und Wettkampfvorbereitung vermeiden lassen.

Er tut dies in einer sehr anschaulichen Art und Weise, die ihn nicht nur als kompetenten Fachmann ausweist, sondern das Buch für Trainer aller Ligen im Jugend- und Erwachsenenbereich zu einem wertvollen Helfer werden lässt. Dass mit Christoph Anrich ein Autor sich diese Themas annimmt, den schon viele Teilnehmerinnen und Teilnehmer an Bildungsmaßnahmen des Württembergischen Fußballverbandes schätzen gelernt haben, freut mich natürlich besonders.

Bleibt zu hoffen, dass diese Publikation die verdiente Resonanz findet und einen Beitrag dazu leistet, Verletzungen zu minimieren und den gesundheitlichen Wert des Fußballs zu stärken.

Dr. h. c. Alfred Sengle
(Präsident des Württembergischen Fußballverbandes und Vizepräsident des DFB)

Einführung

Die Faszination, die vom Fußball ausgeht, wird im Grunde erst durch viele Muskelaktionen ermöglicht. Eine gut funktionierende Muskulatur beschleunigt den Spieler und infolgedessen auch den Ball. Ob dynamisch und schnellkräftig oder filigran und gefühlvoll, erst die Muskulatur lässt den Ballzauber entstehen. Erreichen den Muskel Nervensignale, wird er aktiv. Bleiben die Signale aus, kann der Muskel sich wieder entspannen. Was äußerlich tollpatschig aussieht, wenn der Ball nicht richtig getroffen wird, oder fließend und rund, wenn ein hoch und scharf anfliegender Ball elegant mit Spann gestoppt wird, sind in Wirklichkeit höchst komplexe molekulare Vorgänge. Bei jeder Bewegung spielt sich im Körper ein Feuerwerk von kaum vorstellbarem Ausmaß ab. Dabei wirken Tausende Nervenimpulse mit Millionen Muskelzellen zusammen.

Ein Muskel ist nie eigenaktiv, er kann nicht von sich aus kontrahieren. Jede Muskelaktivität wird bestimmt von nervösen Prozessen. Dementsprechend entsteht Bewegung durch Aktivierung oder Entspannung von Muskelanteilen. Betrachtet man Muskelverletzungen nicht auch unter diesen neuromuskulären Zusammenhängen, kommt man oft zu falschen Ergebnissen.

Der Zwang zur Leistungsoptimierung in Verbindung mit dem öffentlichen Leistungsdruck führt immer wieder zu «mörderischen» Trainingseinheiten. Fußballer sind immer wieder Opfer von Trainingsmethoden. Das richtige «Rezept» für die angemessene körperliche Aktivität wird häufig nicht gewählt. Allzu oft findet man nicht die leistungsgerechte Belastung. Körperliche Beschwerden machen sich bemerkbar. In der Folge kann mancher Ballkünstler wegen Verletzungen sein Können nicht mehr abrufen.

Verletzungen sind immer währende Begleiter des Fußballs. Offensichtlich nimmt der Körper unter der ständigen Belastung Schaden. Muss man aber im Fußballsport Muskelprobleme tolerieren? Die Vermeidung dieser Verletzungen ist für jeden aktiven Fußballer, aber auch für die betreuenden Sportmediziner und Physiotherapeuten von zentraler Bedeutung. Gleichwohl verwundert es, dass die Behandlung, aber vor allem die Vermeidung von Muskelverletzungen vernachlässigt wird.

Der kluge Trainer und Spieler handelt *vor* den ersten Verletzungsanzeichen. Aber für das zentrale Thema Verletzungsprophylaxe mangelt es häufig an der notwendigen Sensibilität.

Wenn immer alles schnellkräftiger und ausdauernder werden muss, gerät der Körper zunehmend unter Stress. Beim Trainingsablauf und im Wettkampf stehen Spieler ständig unter Druck. Jede Minute im Spiel ist wichtig. Die Neubewertung der körperlichen Verfassung wird notwendig. Will man Verletzungen entgehen, gilt es den Wert der Gesundheit wieder zu entdecken. Maßnahmen zur Verletzungsprophylaxe sind von zentraler Bedeutung. Unter diesem Gesichtspunkt bekommen die Sportmedizin und der Fachbereich der Physiotherapie einen besonderen Stellenwert. Im Leistungsfußball entscheidet inzwischen nicht nur die Qualität des Trainers und der Mannschaft über Sieg und Niederlage. Die Fähigkeiten des Konditionstrainers, der möglichst ganzheitlich den Körper trainiert, sowie das Wissen des Physiotherapeuten sind nicht mehr wegzudenken. Gemeinsam unterstützen sie den Trainer, sie helfen die sportliche Leistung zu verbessern, Verletzungen zu vermeiden und sie möglichst optimal zu behandeln.

Rund um das Thema Verletzungen finden sich unter anderem kaum oder unsachlich geführte Diskussionen über den Sinn und Unsinn des Stretchings. Kaum jemand wagt gegenwärtig eine klare Aussage, ob und vor allem wie Stretching gut ist. In der jüngsten Vergangenheit verunsicherten weitere Beiträge zum Stretching den interessierten Trainer und Spieler. In den USA (Hawaii) will eine Studie herausgefunden haben, dass dem Stretching zugeneigte Sportler beim Marathon nicht resistenter gegen Verletzungen waren, sondern sich sogar als verletzungsanfälliger erwiesen.

Einige Übungsleiter empfehlen die dynamische Stretchingmethode vor der Leistungsentfaltung im Training oder Wettkampf. Statisches Stretching sollte man nur nach der Belastung anwenden. Diese Diskussionen führt man nicht grundlos. Obwohl aus dem Stretching bereits unfunktionale Übungen gestrichen wurden, folgen im Fußball häufig keine positiven Erfahrungen – viele Spieler verletzen sich. Die Stretchingmethoden scheinen nicht das zu halten, was in der Literatur versprochen wird. Eine Soll-Ist-Analyse wäre wünschenswert. Einige Fachleute gehen sogar so weit, dass sie behaupten, Fußballer verletzen sich, weil sie sich vor der Belastung «unphysiologisch» stretchen. Dabei käme es zu Überdehnungen des Muskels.

Dieses Buch greift einige dieser Vorurteile auf und versucht solche Aussagen kritisch zu beleuchten. Wahr ist, dass es trotz der gesicherten Bedeutung des Beweglichkeitstrainings beträchtliche Defizite an empirisch gesicherten Befunden gibt. Außerdem sind die Methoden noch ungeeignet, die beschreiben sollen, welche physiologischen Effekte eine Muskelbeweglichkeit auslösen.

Zwangsläufig kommt die Frage auf, ob Stretching überhaupt einen Wert für die Entwicklung der Leistungsfähigkeit hat. Ist der Aufwand, der beim Stretching betrieben wird, gerechtfertigt? Hält der Aufwand dem Nutzen stand? Große Verunsicherungen bestehen, was den Sinn des Stretchings angeht, den Zeitpunkt des Trainings, die Quantität sowie die Qualität des Stretchings. Es besteht sogar die Gefahr, dass die Unsicherheiten zu einer beliebigen Stretchingtechnik führen.

BEWEGLICHKEITSTRAINING IM WANDEL

Im Fußball halten sich Traditionen länger als in anderen Sportarten. Die «Meisterlehre» bei einem erfolgreichen Trainer oder die eigene Erfahrung bildet häufig die Grundlage des Trainings. Was man für ein fachlich fundiertes Training dagegen braucht, sind präzise Fakten über den Muskel, seine neuromuskuläre Steuerung und eine Korrektur in der Bewertung der muskulären

Dysbalancen. Damit der Trainer nicht nach dem Zufallsprinzip eine Übungsvariante aus dem vorhandenen Übungsgut aussucht, benötigt man Parameter, die eine Übungsauswahl sowie die Trainingsmethoden begründen. Die Gültigkeit von trainingswissenschaftlichen Befunden müssen bestätigt werden und dann eine Umsetzung in die tägliche Praxis finden.

Seriöse Aussagen über die wesentlichen Parameter, z. B. die Funktionsweise der Muskelzelle, bieten uns die Naturwissenschaften. Die Grundlagenforschung liefert immer genauere Informationen über das Innenleben der Muskelfaser. Erkenntnisse der Muskellehre und der Neurophysiologie, also wie Nervenimpulse eine Muskelaktion wirklich zur Bewegung oder Entspannung führen, bringen zudem neue Impulse in die Thematik.

Streng genommen beruhen Stretchingtheorien auf teilweise wackligen wissenschaftlichen Beinen. Es mangelt an zuverlässigen empirischen Studien. Viele Maßnahmen zur Verbesserung der muskulären Leistungsfähigkeit und Verletzungsprophylaxe sind höchstens zielgerichtet, aber selten experimentell oder wissenschaftlich begründet. In der Regel wenden Übungsleiter, Physiotherapeuten und Sportmediziner Übungen an, die sie über Jahre hinweg entwickelt und die sich in der

Praxis mehr oder weniger bewährt haben. Solche Trainingsmethoden repräsentieren einen Erfahrungsschatz, der teilweise wertvoll, aber durchaus auch unsinnig sein kann.

Das Beweglichkeitstraining befindet sich im Wandel. Das traditionelle Übungsgut des Stretchings wird zunehmend von Innovationen der Forschung infrage gestellt. Es sind nicht die einzelnen Übungen, die hinterfragt werden, sondern die Vermutungen, was beim Stretching im Muskel passiert und wie Dehnvorgänge gesteuert werden.

Neue Ansätze sind nicht automatisch besser. Die unbegründete Einführung von Dehnübungen ist nicht akzeptabel. Experimentiert man mit Dehntechniken, führt die Vorgehensweise zum problematischen Ausprobieren. In der Vergangenheit zeigte es sich, dass die propagierte Dehnmethode zu einer mehr oder weniger nachvollziehbaren Ideologie wurde. Solche Ideologien müssen immer dann entschieden hinterfragt werden, wenn uns die Physiologie etwas anderes darlegt. Hilfreich sind neue Übungen immer dann, wenn sie wissenschaftlich fundiert die Übungsqualität verbessern, z. B. indem sie wirklich Muskelverletzungen vermeiden helfen.

Wie Muskelbewegungen und -verletzungen entstehen, wird seit Jahrzehnten erforscht. Dabei betrachtet man die Funktionsweise der Muskulatur, genauer der kleinsten Bestandteile der Muskulatur. Es sind die Muskelfibrillen, die sich aus Muskelfilamenten zusammensetzen. Muskelfilamente sind nur wenige Millionstel Millimeter dick. Sie wirken nicht einzeln, sondern immer gemeinsam. In Versuchen können diese Vorgänge kaum nachgestellt werden. Im Labor gelingt es, haarfeine Muskelfasern einzeln aus dem Gesamtmuskel zu isolieren und zu untersuchen. So glückte es auch, modellhaft die Kraftentwicklung im Muskel zu verdeutlichen. Beim Laufen verschieben sich teleskopartig die parallel angeordneten Muskelfilamente (Myosin und Aktin), wobei sich der Muskel verkürzt.

Obwohl dieser Mechanismus inzwischen gut erklärt wird, bleiben offene Fragen:

- Wie viele Muskelfibrillen wirken bei der Bewegung zusammen?
- Wie erfolgt nach der Bewegung die Rückführung der Muskelzelle in die Ausgangslänge?
- Wann bestehen für den Muskel (Muskelfibrillen) Verletzungsgefahren?
- Wie verhindert man Muskelverletzungen?
- Wie optimiert man das Zusammenspiel der Muskeln, die zusammen-

wirken (Agonisten und Synergisten), mit den entgegen wirkenden Muskeln (Antagonisten)?
- Erfolgt eine Muskelverletzung, weil der Sportler sich nicht gedehnt hat?
- Provoziert Dehnen Muskelverletzungen?

Besonders für die Vorbeugung (Prophylaxe) von Muskelverletzungen gibt es von den Sportlehrern und Trainern unterschiedliche Empfehlungen, die sich teilweise widersprechen. Die Frage, was richtig oder falsch ist, bleibt in vielen Fällen unbeantwortet. In der Tat ist es äußerst schwierig, genaue Informationen über die Vorgänge beim «Dehnen» weiterzugeben. Weil die physiologischen und neurophysiologischen Abläufe sich nicht beobachten lassen, kann man naturwissenschaftliche Fakten nur analysieren. Naturwissenschaftler (z. B. Mediziner, Biologen, Trainingswissenschaftler) entwerfen für den Trainingsgebrauch ein Modell davon, wie man sich Bewegung und Dehnung in der Wirklichkeit vorstellen kann. Aufgrund besserer technischer Möglichkeiten wurden die Modelle immer genauer, die dann in Trainingsempfehlungen münden.

Bewegungs- und Dehnvorgänge sind das Resultat mehrerer Komponenten:

- Nervöse Impulse fordern Muskelzellen auf, sich zu kontrahieren oder zu entspannen.
- Der eingehende Impuls muss in der Muskelzelle richtig gedeutet und in eine mechanische Reaktion umgesetzt werden.
- Zur Informationsweitergabe vom Zentralnervensystem zum Erfolgsorgan (Muskel) kommt es mehrfach zu «Wenn-dann-Entscheidungen». Es gibt hemmende und erregende Impulse. Nur wenn der eingehende Reiz überschwellig (stark genug) ist, erfolgt eine Reaktion.
- Die Reize werden mit Hilfe von «Transmittern» weitergeleitet. Die Übertragung der motorischen Nervenfaser auf die Muskelfasern erfolgt in der so genannten Endplatte.
- Als Überträgerstoff an der Endplatte dient das Azetylcholin.
- Impulse in der Muskelzelle lösen biochemische Reaktionen aus, die wiederum die Aktin- und Myosinfilamente ineinander verschieben lassen (Kontraktion der Muskelfibrillen).
- Beim Verkürzen der Muskulatur wird einerseits Energie verbraucht (Adenosintriphosphat = ATP). Andererseits wird aber auch Energie aufgebaut, indem Filamente in der Muskulatur wie eine Feder gespannt werden. Gleichzeitig dehnt sich die

Membran der Muskelzelle und die Muskelbinde (Faszie) der Muskelfaser nach außen, und Sehnen werden gestreckt.

Immer mehr Details über die Struktur der Muskelfaser werden bekannt und erschüttern sicher geglaubte Theorien über den Bewegungsprozess, aber vor allem die Aussagen über die Beweglichkeit im Muskel. So werden Vorstellungen über das Stretching entscheidend weiter entwickelt, wo bisher nur vage begründete Dehnvarianten angepriesen wurden.

WOZU DEHNUNGSÜBUNGEN?

Die Verunsicherung bei den Übungsleitern ist teilweise beträchtlich. In der Regel wenden sie zurzeit Methoden an, deren Trainingswirkung nicht bewiesen wurde. Manche Dehntechnik wurde Trainingsritual. Allein die ständige Wiederholung der angewandten Dehntechnik scheint manchmal die Richtigkeit der Methode zu bestätigen.

Fakt jedoch ist, dass Muskelverletzungen immer noch ein zentrales Problem beim Breiten- und Leistungssport sind.

Fragen wie die folgenden bleiben:

- Wird beim Dehnvorgang überhaupt ein Muskel in die Länge gezogen?
- Wirken sich Dehntechniken über-

haupt auf die molekulare Struktur der Muskelfibrillen aus?
- Was sind die Ursachen dafür, dass eine Verbesserung der Bewegungsamplitude sichtbar wird?
- Minimiert sich durch Dehnübungen das Risiko, dass Muskelverletzungen auftreten?
- Kann eine intensive Dehnübung sogar zu Muskelverletzungen führen?

Entscheidend für die Beantwortung dieser Fragen ist, was beim Dehnen im Körper überhaupt passiert. Erst danach können konkrete Trainingsempfehlungen ausgesprochen werden. Aussagen, dass sich erfahrungsgemäß diese oder jene Dehnvariante für das nachfolgende Training oder den Wettkampf bewährt habe, sollten nicht ausgesprochen werden, wenn nicht zusätzliche Informationen gegeben werden. Wir benötigen verlässliche Parameter, Grundlagen, auf welche sich die empfohlenen Methoden beziehen. Offensichtlich steigert sich die Länge eines Muskels eben nicht. Es sind erst einmal Vermutungen bzw. Wahrscheinlichkeiten. Eine äußerlich sichtbar bessere Beweglichkeit könnte auch andere Ursachen haben:

- Die Elastizität der Sehnen und des Bindegewebes wurde verbessert.
- Ängste wurden abgebaut, die Nervosität sank, Stressfaktoren wurden

reduziert, und deshalb konnten Verspannungen gelöst werden.
- Die Hemmung (Blockade) der antagonistischen Muskulatur wurde reduziert.

Zudem sollte man nicht zwangsläufig zwei verschiedene Trainingsziele kombinieren, die nur bedingt mit derselben Technik erreichbar sind. Natürlich wollen viele Sportler ihre Leistungsfähigkeit verbessern und sich dabei nicht verletzen. Aber eine gute Flexibilität steigert nicht automatisch die Leistungsfähigkeit. Verschiedene Dehntechniken zielen vorrangig auf die Vermeidung von Verletzungen, sie wollen eine Verletzungsprophylaxe sein. Ob gleichzeitig eine Verbesserung der Leistungsfähigkeit, die in Sekunden, Metern, Weite und Höhe gemessen wird, damit verbunden werden kann, muss geklärt werden.

Es ist vorstellbar, dass ...

- ein Beweglichkeitstraining die Schnellkraft kurzfristig reduziert. Dennoch bleibt der Sportler bei der Aktion unverletzt;
- ein Beweglichkeitstraining sowohl die Schnellkraft verbessert als auch Muskelverletzungen reduziert;
- ein Dehnprogramm die Beweglichkeit sichtbar verbessert, die Verletzungsgefahr reduziert, die allgemeine Leistungsfähigkeit und das

Wohlbefinden steigert, weil Verspannungen sich lösen, aber die Schnellkraft sich trotzdem reduziert;
- ein Dehnprogramm die maximale Leistungsfähigkeit kurzfristig senkt, die Leistungsfähigkeit über einen längeren Zeitraum gesehen trotzdem gesteigert wird;
- ein Dehnprogramm Muskelverletzungen fördert;
- ein Dehnprogramm vor der Belastung die Leistungsfähigkeit senkt, nach der Belastung die Verletzungsgefahr mittelfristig reduziert;
- Dehnübungen den Muskel nicht vor Verletzungen schützen;
- ein Dehnprogramm weder vor Verletzungen schützt noch die Leistungsfähigkeit steigert.

Die letzten Varianten wären trainingswissenschaftlich eine Katastrophe.

Konsequenzen aus den bestehenden Fragen:

1. Wir benötigen sachliche Informationen darüber, was beim Beweglichkeitstraining trainiert wird und was nicht (Trainingsinhalte). Es wäre für den Hobbysportler legitim, Muskelverspannungen zu lösen und individuell das Wohlbefinden zu steigern, auch wenn dabei kurzfristig die Explosivität der Muskulatur verloren ginge.

2. Für den Fußballer entscheidet nicht der erste Antritt, sondern die Leistung über 90 Minuten über Sieg und Niederlage. Trägt die Dehnmethode dazu bei, dass der Sportler über einen längeren Zeitraum seine Höchstleistung aufrechterhalten kann, hat sie sich bewährt.

3. Nur wenn man genauer erklärt, was beim Beweglichkeitstraining wirklich trainingswissenschaftlich, physiologisch und neurophysiologisch passiert, kann man sagen, ob die Technik für das Fußballtraining und den Wettkampf sinnvoll ist.

4. Die Trainingsmethode muss so genau wie möglich benannt sein, die dabei zu erwartenden Auswirkungen beschrieben und die beobachteten Effekte interpretiert werden.

   - Stimmen die Überlegungen mit den bekannten Gesetzmäßigkeiten der Physiologie und Neurophysiologie überein, sind die Trainingseffekte planbar.
   - Stimmen die Überlegungen der Trainingswissenschaftler nicht mit den erwarteten Ergebnissen überein, stimmen entweder die Überlegungen oder die vermuteten naturwissenschaftlichen Gesetzmäßigkeiten nicht. Möglicherweise fehlen auch weitere wesentliche Aspekte, die zusätzlich berücksichtigt werden müssen.

Dem Stretching wurden wertvolle Wirkungen für den Sportler zugeschrieben. Angesichts der unbefriedigenden Beweislage und der nach wie vor hohen Quote von Muskelverletzungen müssen die Aussagen kritisch überprüft werden.

Den folgenden Ausführungen liegen einige Thesen zugrunde:

- Beim Stretching wird der Muskel nicht in die Länge gezogen!
- Das Beweglichkeitstraining mit dem PI-Effekt reduziert die Verletzungsgefahr!
- Die Trainingsmethoden zur Verletzungsprophylaxe müssen sich dem neuen Erkenntnisstand entsprechend verändern!

In den nächsten Kapiteln werden Ursachen von Muskelverletzungen und Ansätze, wie man sie vermeiden kann, vorgestellt. Ein Schwerpunkt bildet dabei der PI-Effekt, mit dessen Hilfe sich Muskelverspannungen effektiv lösen lassen. Bei regelmäßigem Training verhindert das beschriebene Beweglichkeitstraining Muskelverletzungen mehr als je zuvor.

Verletzungsprophylaxe beim Fussballtraining

Verletzungen im Fußball, die ohne Gegnereinfluss zustande kommen, resultieren häufig aus einem Missverhältnis zwischen der Belastbarkeit der Muskulatur beziehungsweise des Bewegungsapparates und der erfolgten Belastungsintensität. Für die Verletzungsprophylaxe ergeben sich daraus zwei mögliche Konsequenzen. Entweder reduziert man die Belastungsintensität, was unter dem Aspekt der wünschenswerten hohen Leistungsanforderungen zu schwierigen Kompromissen führen würde, oder man verbessert Belastbarkeit und Trainingsdosierung.

Eine gute Ausdauer ist im Fußball notwendig, weil dadurch beim Spiel die Konzentration und Koordination länger erhalten bleiben. Außerdem sind nach der Belastung die Regenerationszeiten kürzer. Deswegen ist in der Vorbereitungszeit ein intensives Ausdauertraining bei optimaler Belastungsintensität auch unter dem Aspekt der Verletzungsprophylaxe ratsam, obwohl sich das Lauftraining meistens keiner großen Beliebtheit erfreut. Eine gute Ausdauerfähigkeit verhindert Überbelastungen. Allerdings sollte die Trainingsdosierung individuell variieren, denn die aktuelle Laufleistung schwankt innerhalb einer Mannschaft deutlich. Professionell erfasst man die individuelle und aktuelle Laufleistung durch die Laufbandergometrie. Dabei ermittelt der Sportmediziner die maximale Leistungsfähigkeit, die Herzfrequenz (Hf) sowie die Laktatwerte der aeroben und anaeroben Schwelle. Aufgrund dieser objektivierten Daten dosiert man das Training und kontrolliert es über die Pulsmessung. Ziel ist eine Trainingsintensität von 70 Prozent der Pulsreserve nach der Formel:

$$Hf_T = Hf_R + 0,7 \times (Hf_{max} - Hf_R)$$

(T = Training, R = Ruhe)

a) Bei der *primären Verletzungsprophylaxe* trainiert man mit dem gesunden Fußballer. Beweglichkeitstraining und Übungen zur Vermeidung von muskulären Dysbalancen sowie funktionsgymnastische Kräftigungsübungen, um Gelenke zu stabilisieren, haben eine vorbeugende Intention. Mögliche Muskelverletzungen oder Beschwerden am Bewegungsapparat sollen durch geeignete Trainingseinheiten verhindert werden.

- Je professioneller der Fußballsport ausgeübt wird, desto mehr sind entsprechende primärpräventive Maßnahmen von Bedeutung.
- Je mehr Fußball als Hochleistungssport betrieben wird, desto wichtiger wird die individuelle Betreuung innerhalb der primärpräventiven Verletzungsprophylaxe.
- Koordinative Aufgabenstellungen sind nicht nur unter dem Aspekt der Leistungsoptimierung wichtig, sie sind auch ein Beitrag zur Primärprävention. Spieler erkennen auf dem Spielfeld Mit- und Gegenspieler rechtzeitig (räumliche Orientierungsfähigkeit), sodass Kollisionen vermieden werden können. Außerdem begünstigt ein stabiles dynamisches Gleichgewicht bei einem Sprung die nachfolgende kontrollierte Landung.

b) Tauchen Beschwerden bereits immer wieder auf, z. B. ein Muskel verkrampft regelmäßig oder es treten immer wieder Rückenprobleme auf, müssen Maßnahmen der *sekundären Verletzungsprophylaxe* angewandt werden. Hier trainiert man mit geeigneten Übungen gegen muskuläre Schwächen oder Beschwerden am Bewegungsapparat an. Das Übungsgut des Beweglichkeitstrainings mit dem PI-Effekt muss immer dann sofort angewandt werden, wenn der Muskel «dicht»

macht, sich Verspannungen bemerkbar machen. Ist danach kein Spannungsgefühl im Muskel mehr vorhanden, kann ohne Bedenken das Training oder der Wettkampf fortgesetzt werden. Liegen Rückenprobleme im Lendenwirbelbereich vor, die noch keine Entzündungsreaktion ausgelöst oder einen schwer wiegenden Funktionsverlust zur Folge (z. B. Bandscheibenvorfall) haben, ist die Vorgehensweise der Rückenschule in der nachfolgenden Reihenfolge empfehlenswert:

1. Lösen von Verspannungen und Lockerungsübungen.
2. Beweglichkeitsübungen der Hüftbeugemuskulatur, der ischiocruralen Muskelgruppe und der Rückenmuskulatur.
3. Kräftigung der Bauch- und Gesäßmuskulatur.
4. Ganzkörperkräftigungsübungen und Kräftigung der Rückenmuskulatur.

c) Bei der *tertiären Verletzungsprophylaxe* bestehen bereits Vorschädigungen. Wenn z. B. das Kniegelenk aufgrund von Bänderverletzungen instabil ist, gehören gelenkstabilisierende Kräftigungsmaßnahmen ebenso dazu wie spezielle, das Gelenk stabilisierende Stützvorrichtungen. Die Vorgehensweise in der tertiären Verletzungsprophylaxe müssen mit dem Facharzt abgesprochen und deren Erfolge ständig kontrolliert werden, um nicht irreversible Schädigungen hervorzurufen. Solche Maßnahmen haben das Ziel, bestehende Probleme einzuschränken.

SPORTARTSPEZIFISCHE VERLETZUNGSPROPHYLAXE

Zweikämpfe und Körpereinsatz gehören zum Fußball. Leider kommt es bei sportlichen Auseinandersetzungen auch zu Verletzungen, die zur Spielunfähigkeit führen. Da jeder Spielerausfall die betreffende Mannschaft schwächt, legt man in den Trainingseinheiten ein besonderes Gewicht auf altersgemäße Koordinations-, Beweglichkeits- und Kräftigungsübungen. Es ist nützlich zu wissen, dass es in verschiedenen Altersstufen recht unterschiedliche Verletzungsauffälligkeiten gibt.

- Kinder bis 14 Jahre verletzen sich häufig im Arm-Schulter-Bereich und am Kopf.
- Bei den Junioren, den 15- bis 21-Jährigen, treten verhältnismäßig viele Sprunggelenksverletzungen auf.
- Bei den 22–35 Jahre alten Fußballern überwiegen Knieverletzungen.

Da sich in den verschiedenen Altersabschnitten die Verletzungen signifikant häufen, ist es sinnvoll und logisch, vorbeugend Übungsprogramme anzubieten.

VERLETZUNGSPROPHYLAXE BEI KINDERN

Die hohe Verletzungsquote jüngerer Fußballer im Arm-, Schulter- und Kopfbereich wird auf mangelnde koordinative Fähigkeiten zurückgeführt. Bedingt durch den Wandel der Frei-

---

Verletzungshäufigkeiten in bestimmten Altersabschnitten

Altersgemäße Verbesserung der koordinativen Fähigkeiten, z. B.:	Stabilisation der betreffenden Gelenke durch spezifisches Krafttraining, z. B.:
1. Räumliche Orientierungsfähigkeit 2. Kopplungsfähigkeit	1. Fußgewölbe, Fußgelenk 2. Kniegelenk

zeit- und Lernkultur verfügen Kinder über weniger Bewegungserfahrungen. Inzwischen fordert man in den wichtigen Altersabschnitten vehement vielseitige motorische Aufgabenstellungen, damit sich die koordinativen Fähigkeiten entwickeln können. Im Kindesalter ist die Entwicklung der koordinativen Fähigkeiten besonders lohnend. Andererseits wirken sich Defizite auch in Bewegungsauffälligkeiten aus. Defizite in Bereichen der Gleichgewichtsfähigkeit oder räumlichen Orientierungsfähigkeit führen beim Fußball zu Verletzungen. Im Zweikampf prallen eifrige Fußballkinder mit dem Mit- oder Gegenspieler zusammen, beim unkontrollierten Sturz fangen sich Kinder mit dem Arm ungeschickt ab. Da Kinder gegenüber Erwachsenen ein kleineres Gesichtsfeld haben, kommt es daneben zu Verletzungen, wenn sie unverhofft vom Ball getroffen werden.

MASSNAHMEN ZUR VERLETZUNGS-PROPHYLAXE BEI KINDERN

- Schulung der koordinativen Fähigkeiten.
- Spielerische Aufgabenstellungen für den Umgang mit dem Ball im begrenzten Raum.
- Spielformen, bei denen die Konzentration sowohl auf die Mit- und Gegenspieler als auch auf den Ball gelenkt wird.

- Gewinnen ist nicht alles! Fußball ist ein «Nullsummenspiel»: Was der eine gewinnt, verliert der andere. Die Vermittlung einer Frustrationstoleranz, die Anerkennung der Leistung der gegnerischen Mannschaft vermeidet Aggressionen.
- Fairness und Fair Play sind wesentliche Voraussetzungen für das Spiel. Alles, was den Gegner provoziert, ist zu vermeiden.
- Fouls, die in Kauf nehmen, dass der Gegner dabei geschädigt wird, sind keine taktischen Mittel. Schwalben dürfen nicht als «clever» positiv bewertet werden.
- Bälle sollten weder knallhart aufgepumpt noch nass-vollgesaugt sein. Es ist mit möglichst trockenen und kindgerechten, leichten Bällen zu trainieren.
- Uhren und Schmuck sind vor jedem Training und Spiel abzulegen.
- Fordern Sie prinzipiell das Tragen von Schienbeinschonern.

VERLETZUNGSPROPHYLAXE BEI JUNIOREN

Sprunggelenkverletzungen, dabei besonders Bänderdehnungen und -risse sind bei Junioren auffallend häufig. Bei den 16- bis 18-Jährigen betrifft über ein Drittel aller Verletzungen das Sprunggelenk. Man unterscheidet das obere und das untere Sprunggelenk.

Zahlreiche dünne Bänder sollen das Gelenk stabilisieren. Die Außen- und Innenbänder sind aber für Verletzungen anfällig. Knickt der Fuß um, kann man nicht gleich erkennen, ob eine einfache Verstauchung oder eine Bänder- und Kapselverletzung vorliegt. Es können wenige Fasern oder das ganze Band betroffen sein. Manchmal sind «gehaltene Röntgenaufnahmen» notwendig, die abnormale Verschiebungen im Fußgelenk aufzeigen können. Lässt sich der Fuß über 12 Grad abknicken, gilt dies als Anzeichen, dass eine Band-Kapsel-Verletzung vorliegt und wahrscheinlich mehrere Bänder gerissen sind.

Muskeln steuern im oberen und unteren Sprunggelenk die Bewegungen. Eine Ursache für die Verletzungshäufigkeit in diesem Altersabschnitt ist die durch die Pubertät hervorgerufene Verschiebung der Längen- und Kraftverhältnisse. Die längeren Hebel führen zu «unkoordinierten», eckigen Bewegungen. Verschärft wird dieses Problem durch mangelnde koordinative Bewegungserfahrungen. Sind die Muskeln zusätzlich zu schwach, können sie extreme Bewegungen nicht halten. Dadurch werden die Bänder belastet. Der Spieler übertritt sich (z. B. Supinationstrauma). Vorbeugend sollte man die Unterschenkelmuskulatur (Wadenbein- und Schienbeinmuskeln), die Fußgelenkmuskeln (Zehenstrecker und -beuger) und Fußsohlenmuskeln stärken.

Zur Stärkung der Fußmuskulatur verlagert man zuerst den Schwerpunkt abwechselnd auf den Vorder- und Rückfuß. Anschließend eignen sich der Einsatz des Physiobandes, um die Fußmuskelaktivität anzuregen, oder kontrollierte Sprünge auf einer schiefen Fläche, bevor noch anspruchsvollere Übungen (vgl. S. 169 ff) folgen.

MASSNAHMEN ZUR VERLETZUNGS-PROPHYLAXE BEI JUNIOREN

- Mobilisieren und stabilisieren Sie den Sprunggelenksbereich.
- Kräftigen Sie gezielt die Sprunggelenksregion (z. B. mit dem Sportkreisel).
- Nutzen Sie Spielformen auf Sand, um die Fußmuskulatur zu kräftigen.
- Wenn auf der Wiese keine Scherben liegen, lassen Sie barfüßig spielen oder verlegen Sie das Training ins Freibad.
- Stabilisieren Sie bei Vorschädigungen das Sprunggelenk durch einen Tapeverband.
- Das Aufbautraining für den Wettkampf sollte angemessen lange dauern.
- Achten Sie auf angemessene Regenerationszeiten.
- Gewöhnen Sie die Spieler zunehmend an das «Cool-down».

- «Nach dem Training (Wettkampf) ist vor dem Training (Wettkampf).» Abkühlungsprogramme beschleunigen die Regenerationsphase und verhindern ein Übertraining.
- Die Spieler sollen ihre eigenen Grenzen erkennen und nicht nur unter Druck weitertrainieren. Besonders in Zeiten, in denen Spieler wegen Schulprüfungen, Berufsausbildung oder nach einer Krankheit (Verletzung) unregelmäßig trainieren konnten, muss die Belastung individuell dosiert werden.
- Inzwischen können Schuhe mit ausgeklügelten Sohlenprofilen auf bestimmte Füße und Sportdisziplinen angepasst werden. Sie helfen Extrembewegungen zu vermeiden.

VERLETZUNGSPROPHYLAXE BEI ERWACHSENEN

Mit der Volljährigkeit wandelt sich die Verletzungsauffälligkeit. Zwischen 20 und 35 Jahren betrifft über ein Viertel aller Verletzungen das Kniegelenk, dabei besonders Bänder, Kapseln und Menisken.

Das Kniegelenk ist das größte Scharniergelenk des menschlichen Bewegungsapparats. Es unterliegt beim Fußball hohen Beanspruchungen.

Das Kniegelenk verbindet Ober- und Unterschenkelknochen, die an ihren Gelenkflächen mit Knorpel bedeckt sind. Für den richtigen Halt und die Führung sorgen die Seitenbänder, das Innen- und Außenband sowie zwei Kreuzbänder. Die Gelenkflächen werden durch die Innen- und Außenmenisken, zwei halbmondförmige Knorpel, gepolstert. Die Besonderheit am Kniegelenk ist, dass die Kniescheibe vor dem Gelenk lagert. Sie ist mit den Sehnen der Oberschenkelstreckmuskulatur verbunden, weshalb der Oberschenkel nicht nur mit dem Unterschenkel, sondern auch mit der Kniescheibe eine gelenkige Verbindung bildet. Vom Schienbein führt ein Band zusätzlich zum unteren Teil der Kniescheibe. Das Kniegelenk erlaubt vorwiegend Beuge- und Streckbewegungen, verkraftet aber kaum Rotationen.

Eine funktional arbeitende Muskulatur gibt dem Gelenk zusätzliche Stabilität und Führung. Weil die Oberschenkelmuskulatur in der Patellasehne mündet, wirken sich muskuläre Dysbalancen negativ auf das Gelenk aus. Stimmen die einwirkenden Kräfte von der Oberschenkelmuskulatur nicht, verschiebt sich die optimale Gelenkachse, was vor allem beim Gelenkknorpel nach einiger Zeit zu Abnutzungserscheinungen führt. Dieser Knorpelverschleiß vollzieht sich am Anfang unbemerkt. Treten Schmerzen auf, ist das Schädigungsstadium zumeist dramatisch fortgeschritten. Zahlreiche Fußballer mussten aus diesem

Grund ihren Beruf bzw. ihr Hobby ganz aufgeben und Sportinvalidität anmelden. Deswegen ist es notwendig, sich entwickelnde muskuläre Dysbalancen regelmäßig auszugleichen. Dadurch können vorbeugend Knieprobleme reduziert oder sogar vermieden werden.

Selbstverständlich verdankt das Kniegelenk seine Stabilität den Seiten- und Kreuzbändern. Einen wesentlichen Anteil zur Stabilisation trägt auch die Kniestreckmuskulatur, vor allem der m. vastus medialis, der m. femoris und die Beugemuskeln der Oberschenkelrückseite, bei. Deswegen ist die Kräftigung dieser Muskeln im Übungsteil besonders dargestellt.

Umschlossen wird das Gelenk von der Kapsel, deren innere Haut die Gelenkflüssigkeit produziert. Sie ernährt den Gelenkknorpel. Für die Gesundheit und die Versorgung des Knorpels ist daher zum einen die regelmäßige Bewegung bedeutungsvoll, zum anderen ist von Belang, dass der Knorpel nicht falsch belastet oder gequetscht wird.

Sportler mit Kniebeschwerden neigen zur Schonung. Manche werden wegen Schmerzen zur Pause gezwungen. Unerfreulicherweise führt die Entlastung zur Schwächung der stabilisierenden Muskulatur und zur «Knorpelmangelernährung». Nur wenn ein Gelenk bewegt wird, umspült die Gelenkflüssigkeit den Knorpel. Er wird dadurch mit Nährstoffen versorgt. Im Wechsel von Entlastung und Belastung nimmt der Knorpel Flüssigkeit auf und kann als Stoßdämpfer wirken. Ziel, auch bei arthrotischen Gelenkproblemen, muss eine dosierte und kontrollierte Bewegung sein.

Schleimbeutel geben der Patellasehne Geleit und puffern zusätzlich Druck. Eine Fehl- oder Überbelastung, aber auch ein Schlag oder Stoß auf die Patellasehne kann zur Sehnenscheiden- und Schleimbeutelentzündung führen.

Warum ein gut funktionierendes Kniegelenk beim Fußball von großer Wichtigkeit ist, liegt nahe. Es muss das ganze Körpergewicht tragen, alle Sprünge abfangen und darf, damit der Schuss reibungslos klappt, nicht blockieren.

Nur Sportmediziner und Orthopäden untersuchen das Kniegelenk fachkundig. Knieprobleme können sich als Bagatellschaden herausstellen, sie können aber auch gravierend sein. Aufgrund eingehender Untersuchungen kann der Fachmann notwendige Maßnahmen einleiten, die zur Gesundung oder zumindest Schmerzlinderung führen.

Während Schürfwunden am Arm oder die Platzwunde am Kopf, die für das Kindesalter typisch sind, relativ schnell verheilen, folgen auf Knieverletzungen meist monatelange Rehabilitationszeiten. Häufig wird eine Operation notwendig. Eine Knorpelschädigung ist teilweise irreversibel. Deswegen verwundert es auch nicht, wenn betroffene Spieler nachher oft die Fußballlaufbahn beenden.

Massnahmen zur Verletzungsprophylaxe bei Erwachsenen

- Wärmen Sie sich immer auf!
- Bauen Sie regelmäßig muskuläre Dysbalancen ab.
- Kräftigen Sie gezielt die Stützmuskulatur des Kniegelenks.
- Planen Sie Zeiten für das Beweglichkeitstraining ein.
- Zur Stabilisation des Kniegelenks eignen sich Kräftigungsübungen mit Physioband und Sportkreisel.
- Koordinationsübungen bewirken, dass man kritische Situationen meistert, ohne sich zu verletzen.
- Achten Sie auf die Platzpflege. Sowohl das Treten in Schlaglöcher als auch das unerwartete Stolpern über Maulwurfshügel sind eine Gefahr.
- Suchen Sie bei Knieschmerzen sofort den Facharzt auf.

Wovon ist die Verletzungsprophylaxe abhängig?

Die Verletzungsanfälligkeit des Fußballers ist von inneren (endogenen) und äußeren (exogenen) Faktoren abhängig.

Endogene Faktoren der Verletzungsprophylaxe

Jeder Fußballer verarbeitet, genetisch vorbestimmt, Belastungsreize individuell. Während der eine nicht mehr weiterspielen oder weitertrainieren kann und deswegen die Belastung «natürlich» abbricht, ohne sich dabei zu verletzen, bekommt ein anderer plötzlich und ohne «Vorboten» eine Zerrung. Die Toleranzgrenze bei der Ermüdung variiert von Spieler zu Spieler. Ähnlich verhält es sich mit der Regeneration. Wie lange ein Fußballer für die Wiederherstellung der Leistungsfähigkeit braucht, ist einerseits abhängig vom Trainingszustand, andererseits erholen sich die Spieler aber unterschiedlich schnell. Sind solche individuellen Faktoren bekannt, sind die spezifischen Gegebenheiten zu berücksichtigen. Demgemäß sollte die Trainings- und Spielplanung ganzheitlich erfolgen. Die professionelle Planung umfasst Vorbereitung wie Durchführung des Trainings bzw. Wettkampfs, aber auch Regenerationsmaßnahmen.

Eine sportmedizinische Untersuchung sollte in regelmäßigen Abständen den Bewegungsapparat, das Herz-Kreislauf-System und die Blutwerte kontrollieren. Dadurch können körperliche Einschränkungen, wie z. B. ein Spreiz- oder Knickfuß oder eine Beinlängendifferenz, rechtzeitig erkannt und geeignete Maßnahmen ergriffen werden. Auf seinen Körperbau hat der Spieler kaum Einfluss, jedoch muss man auf Auffälligkeiten reagieren. Je früher, desto besser! Die Neigung zu Knorpelschäden aufgrund eines Haltungsschadens rechtzeitig diagnostiziert, führt zu prophylaktischen Trainingsanpassungen. Mittel- und langfristig vermeidet man dadurch Dysbalancen, Knorpel- und Gelenkschäden.

Man sollte erwarten, dass die Spieler selbst ein großes Interesse an prophylaktischen Untersuchungen und Trainingsinhalten haben. Dies ist in der Regel der Fall. Dennoch gibt es Spieler, die entsprechende Trainingsempfehlungen nicht von selbst umsetzen. Es ist eine Frage der Einstellung und des Charakters. Besonders im Profisport ist dieses Verhalten nicht akzeptabel. Erkennt der Mannschaftsarzt oder Physiotherapeut muskuläre Dysbalancen oder Haltungsschäden, darf es keine Wahl geben. Der Spieler muss in einem individuell ausgearbeiteten Trainingsprogramm die besprochenen Trainingseinheiten, am besten unter Kontrolle, regelmäßig durchführen, um z. B. den Bewegungsapparat zu stabilisieren.

Exogene Faktoren der Verletzungsprophylaxe

Fußball ist ein Mannschaftssport, bei dem Verletzungen durch Gegnerkontakt vorkommen. Das wird sich auch zukünftig nicht vermeiden lassen.

Wenn man die Verletzungsauffälligkeiten im (Leistungs-)Profibereich analysiert, sollte man die richtigen Konsequenzen ziehen.

Spieler dürfen sich nicht wegen Trainingsumstellungen verletzen, sondern Trainingsumstellungen müssen Verletzungen vermeiden helfen.

Es muss zukünftig selbstverständlich sein, Spieler der Leistungsspitze mittels der individuellen Verletzungsprophylaxe optimal zu betreuen. Nur wenn muskuläre Dysbalancen ausgeglichen werden, nur wenn die muskuläre Koordination reibungslos abläuft, sind Höchstleistungen über einen längeren Zeitraum möglich. Individuell abgestimmte Trainingsprogramme ermöglichen zum einen den regelmäßigen Einsatz von wichtigen Leistungsträgern. Zum anderen erzielt man auf diese Weise die häufig propagierten 100 Prozent Leistungsvermögen. Durch Zureden und Motivationskünste allein sind Spieler nicht fit!

Über die Trainingsgestaltung sollte der Trainer Einfluss auf die Gesundheit der Spieler nehmen. Hier dürfen auf keinen Fall Verletzungen billigend in Kauf genommen oder sogar provoziert werden. Zur Trainingsplanung gehören angemessene Aufwärm- und Cool-down-Phasen. Sowohl beim Aufwärmen als auch während der Regeneration sind Beweglichkeitsübungen mit dem PI-Effekt einzuplanen. Während der Regeneration sind solche Beweglichkeitsübungen wahrscheinlich noch wichtiger als das vorzugsweise praktizierte Auslaufen.

Andere Ursachen für Verletzungen sind im Vorfeld korrigierbar. Wenn Schlaglöcher im Platz sind, muss man sie rechtzeitig zuschütten. Schon den Kindern und Jugendlichen sollte man beibringen, dass sie, wenn sie bei entsprechender Witterung und erfolgtem Zweikampf eine Schneise in den Rasen geschlagen haben, das Rasenstück wieder einsetzen oder den Platz wieder mit den Füßen etwas ausgleichen. Ständige Pflege, aber auch wiederholtes Fehlen der Platzsorge durch die Spieler selbst nützt bzw. schadet. Schließlich ist es auch in ihrem Interesse, auf einem guten Terrain zu spielen. Würden die Bundesligaspieler dieses Verhalten vormachen, wäre dies ein wichtiges Vorbild.

Ein eisiger, glatter Kunstrasen- oder Hartplatzbereich, der z. B. im Winter zu wenig Sonne an dieser Stelle abbekommt, muss für das Training gesperrt werden. Des Weiteren sind Hartplätze regelmäßig abzuziehen und wenn nötig zu bewässern. Die Verletzungsfol-

gen, aber auch Kosten für entstehende Schäden sind im Verhältnis viel geringer. Diese verantwortungsvolle Denkweise ist wichtiger als die Ästhetik. Deswegen ist auch eine optimale, auf die Platzsituation bezogene Schutzausrüstung höher zu bewerten als das Auftreten des Spielers in einheitlicher Kleidung, wenn dadurch blutende Hautschürfungen zu reduzieren sind.

Lagert der Fuß richtig im Schuh, kommt es zu weniger muskulären Problemen. Deformationen im Fußgewölbe wirken sich nicht unbedingt direkt am Ort der Fehlstellung, also am Fuß, aus. Lastarme (Knochen) und Muskelschlingen leiten Unregelmäßigkeiten auf das Kniegelenk oder die Beinmuskulatur weiter.

Inzwischen haben sich die diagnostischen Analysemethoden des Fußbettes stark verbessert. Experten können relativ günstig individuell angepasste Sohlen anfertigen, die bestehende Muskelverhärtungen oder Knieprobleme manchmal in wenigen Tagen abklingen lassen.

Ein Leistungstraining, bei dem im athletischen Bereich hohe Belastungen abverlangt werden, kann zum Übertraining führen. Die Leistungskurve geht nach unten. Für den geschwächten und gestressten Körper drohen weitere Gefahren: Die Infektionsanfälligkeit steigt, an den Gelenken und Sehnen kommt es vermehrt zu Reizungen. Die natürlichsten Maßnahmen zur Verletzungsprophylaxe sind adäquate Regenerationsmaßnahmen.

Regeneration ist Prävention! Der nötige Zeitaufwand für Präventionsmaßnahmen variiert von Spieler zu Spieler. Beweglichkeitsübungen mit dem PI-Effekt sollten fester Bestandteil des «Auslaufens» sein. Spieler die kaum mehr laufen können, sind danach häufig von ihren «schweren Beinen» befreit. Vor allem bei Turnieren und «englischen Wochen» ist das Regenerationstraining unverzichtbar. Massagen und Ermüdungsbäder unterstützen die rasche Regeneration. Rauchen und alkoholische Getränke nach einer sportlichen Belastung verlängern dagegen die Regenerationsdauer.

Vermeidbar sind Verletzungen durch Schmuck oder mangelnde Schutzausrüstung. Deshalb sollte Schmuck vor jedem Training oder Spiel abgenommen werden. Sicherlich befindet man sich dabei in einem Konflikt, denn viele Spieler weigern sich, Ringe und Ketten abzulegen. Verantwortungsvolle Trainer und Schiedsrichter reagieren auf Missstände. Besonders ist das in Mode gekommene Piercing problematisch. Zum einen entzündet sich häufig der Bereich, zum anderen stellt z. B. ein Augenbrauenpiercing ein beträchtliches Verletzungsrisiko dar. Bei Kopfbällen und Zweikämpfen verursacht ein unkontrollierter Stoß bzw. Schlag Rissverletzungen.

Das Tragen von Schienbeinschonern ist bei wettkampfnahen Trainingsformen genauso geboten wie eine ausreichende, auf die Platzverhältnisse abgestimmte Polsterung beim Torwart.

Je extremer das Klima, desto wichtiger ist die richtige Kleidung. Bei Minusgraden ist eine zusätzliche «Radlerhose» ebenso angemessen wie eine atmungsaktive und schweißabgebende Sportkleidung bei Hitze.

Verletzungsprophylaxe steckt auch im Umgang mit dem sportlichen Gegner. Als Partner, ohne den der sportliche Wettkampf gar nicht erst möglich wäre, gebührt ihm Respekt. Auch dann, wenn er deutlich spielstärker oder schwächer ist. Je mehr ein Feindbild aufgebaut wird, umso wahrscheinlicher eskalieren Zweikämpfe, die Verletzungen nach sich ziehen können. Insofern sollten Trainer und Mitspieler zum Fair Play animieren. Trainer nehmen starken Einfluss auf die Art und Weise der kämpferischen Einstellung der Spieler. Diese soll und darf auch nicht unterbunden werden. Doch die Anstachelung durch Funktionäre oder Trainer (extrinsische Motivation) hat immer dort die Grenze überschritten, wo bei Zweikämpfen die Verletzung des Gegenspielers billigend in Kauf genommen wird.

MUSKULÄRE UNAUSGEWOGENHEITEN

Die Olympiasiegerin Heike Drechsler musste bei der Leichtathletik-Weltmeisterschaft in Edmonton 2001 verletzt aufgeben. Sie kommentierte ihr Ausscheiden folgendermaßen: «Aber es ist immer so: Verletzungen kommen nur dann, wenn man in hervorragender Form ist. Und ich hatte mir schon ausgerechnet zu gewinnen.» Ähnliche Aussagen hört man regelmäßig auch von Fußballern: «Gerade, als ich am besten drauf war, verletzte ich mich», oder: «Ich hatte mich wieder in Form gebracht, mich in die Mannschaftsaufstellung gekämpft, da verletzte ich mich erneut.»

Verletzungen sind selbstverständlich nicht immer vermeidbar, es wäre aber ein großer Schritt, wenn sie immer *öfter* vermieden werden könnten. Denn es schmerzt doppelt, wenn ein Fußballer am Leistungsoptimum verletzungsbedingt ausfällt. Doch sind diese Lädierungen Zufall?

Die Trainingspraxis im Fußballtraining provoziert Verletzungen, denn relativ häufig wird falsch dosiert. Insofern ist es nicht verwunderlich, dass die Spieler sich zum Leistungshöhepunkt hin häufiger verletzen. Je mehr man leistungsorientiert trainiert, desto wahrscheinlicher verliert man dabei eine gute muskuläre Balance.

Ziel des Trainings ist das richtige und ökonomische Zusammenspiel der Muskeln. Die Trainingslehre empfiehlt folgenden Trainingsaufbau. In der Kindheit, beim Grundlagentraining, legt und festigt man die allgemeinen koordinativen und konditionellen Fähigkeiten und Fertigkeiten (vgl. Anrich, *Koordination*, 2001). Mit zunehmendem Alter und steigenden Leistungsansprüchen wird stärker zielgerichtet und spielnah, also an der Sportart orientiert, und im Fußball u. a. schnellkräftiger trainiert. In der Leistungsspitze erfolgt intensives, manchmal individuell abgestimmtes, aber vor allem sportartspezifisches Technik- und Konditionstraining.

Man weiß jedoch, dass die einzelnen Muskeln unterschiedlich zum Abschwächen und zum «Verkürzen» neigen. Abhängig von der Muskelfaserstruktur, der Sportart und den individuellen Faktoren provoziert dieser Trainingsaufbau spezifische muskuläre Dysbalancen, weil die Muskulatur nicht ausgewogen, sondern eben sportartspezifisch trainiert wird. Es ist dann häufig nur eine Frage der Zeit, bis dieses Ungleichgewicht zu Verletzungen führt.

Um Verletzungen zu vermeiden, müssen proportional zum Trainingsumfang auch sportartspezifische muskuläre Dysbalancen ausgeglichen werden, selbst dann, wenn scheinbar keine direkt ableitbare Leistungssteigerung damit verbunden ist (vgl. Anrich, *Rückenschule*, [4] 2000).

Das bedeutet im Hochleistungsbereich, wo am umfangreichsten und sportartspezifischsten trainiert wird, muss, möglichst nach individuellen Kraft- und Beweglichkeitstests, intensivstes Ausgleichstraining erfolgen. Will man Verletzungen vermeiden, hat man keine andere Wahl: Je umfangreicher und spezifischer im Fußball trainiert wird, desto umfangreicher müssen auch die Trainingseinheiten sein, die muskuläre Dysbalancen ausgleichen.

Muskuläre Dysbalancen müssen immer im Kräfte- und Spannungsgleichgewicht von agonistischer und antagonistischer Muskulatur interpretiert werden. Wenn sich ein Muskel zusammenzieht, wird der Gegenspieler, falls keine Verspannung vorliegt, gleichzeitig von selbst gedehnt. Um Beweglichkeitsdefizite zu beheben, muss deswegen manchmal die antagonistische Muskulatur gekräftigt werden.

Haltemuskulatur, wie z. B. der Rückenstrecker, die Lendendarmbeinmuskulatur (m. iliopsoas), der gerade Oberschenkelmuskel (m. rectus fermoris), die Oberschenkelrückseite (m. ischiocrurales), die Adduktorengruppe (m. gracillis), der Zwillingswadenmuskel (m. gastrocnemius) und der Schollenmuskel (m. soleus) neigen besonders zum «Verkürzen». Sie sollten beim Beweglichkeitstraining regelmäßig, mindestens wöchentlich, besser in jeder Trainingseinheit berücksichtigt werden. Es herrscht jedoch Klärungsbedarf, was überhaupt die «Verkürzung» verursacht.

Anmerkung: Es ist funktional analysiert nicht richtig, weiter von der «Muskulatur, die zum Verkürzen neigt» zu reden. Unter Berücksichtigung des PI-Effekts wäre eine andere Deklarierung besser. Aufgrund der neurophysiologischen Faktoren muss man von der «Muskulatur, die zur intramuskulären Unordnung, zur Verspannung neigt» reden. Das Ergebnis, Muskelverkürzung, ist dasselbe. Aber die Ursache wird genauer definiert.

Je höherklassiger man spielt und je umfangreicher man trainiert, umso mehr stellen muskuläre Dysbalancen ein Verletzungsrisiko dar. Die vielen Antritte, Sprünge und Richtungsänderungen sind hohe Belastungen für die Muskulatur. Wird zum Beispiel die Unterschenkelmuskulatur nicht entsprechend gelockert und erfährt die Wadenmuskulatur kein Beweglichkeitstraining, folgen Muskelverhärtungen und Achillessehnenprobleme.

Eine konsequente Verletzungsprophylaxe erfolgt, wenn proportional zur Belastung, sei es durch Training oder Wettkampf, muskuläre Dysbalancen abgebaut werden.

MUSKELN, DIE ZUM «VERKÜRZEN» NEIGEN

1 Kleiner Brustmuskel
   M. pectoralis minor
2 Zweiköpfiger Oberarmmuskel
   M. biceps brachii
3 Unterarmbeugemuskeln
4 Schenkelbindenspanner
   M. tensor fasciae latae
5 Gerader Oberschenkelmuskel
   M. rectus femoris
6 Kapuzenmuskel (absteigender Teil)
   M. trapezius
7 Großer Brustmuskel
   M. pectoralis major
8 Kurzer Schenkelanzieher
   M. adductor brevis
9 Langer Schenkelanzieher
   M. adductor longus
10 Großer Schenkelanzieher
   M. adductor magnus
11 Äußerer Oberschenkelmuskel
   M. vastus lateralis

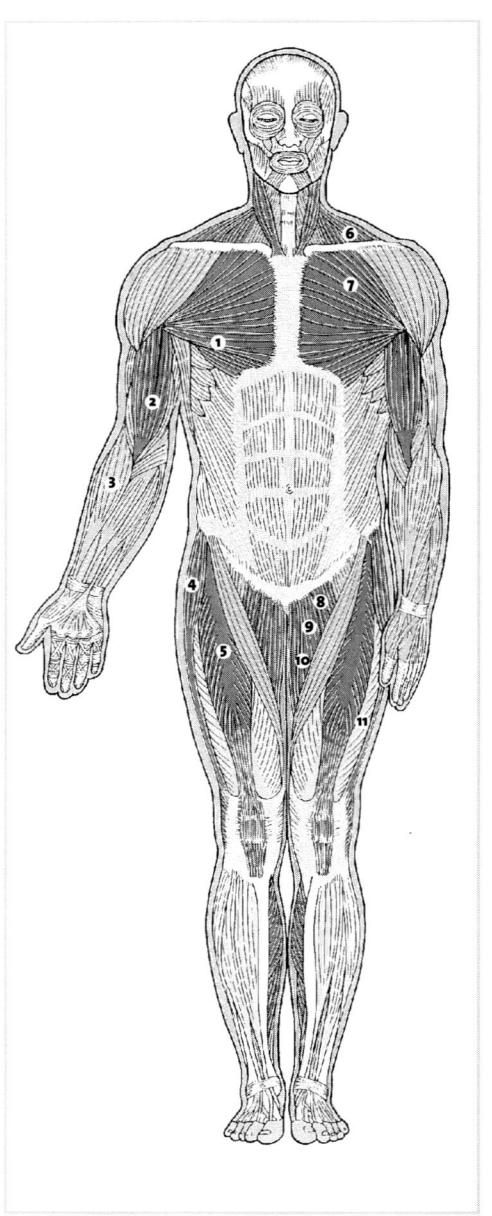

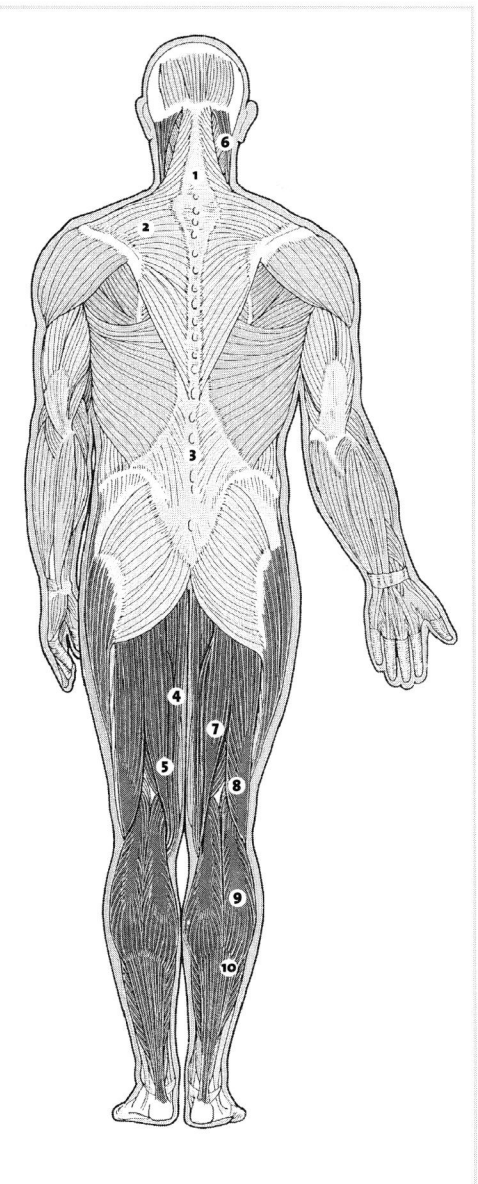

1 Rückenstrecker der HWS
   M. erector spinae
2 Kapuzenmuskel (absteigender Teil)
   M. trapezius
3 Rückenstrecker der LWS
   M. erector spinae
4 Schlanker Oberschenkelmuskel
   M. gracilis
5 Plattsehnenmuskel
   M. semimembranosus
6 Schulterblattheber
   M. levator scapulae
7 Halbsehnenmuskel
   M. semitendinosus
8 Zweiköpfiger Oberschenkelmuskel
   M. biceps femoris
9 Zwillingswadenmuskel
   M. gastrocnemius
10 Schollenmuskel
   M. solens

Beim Fußball wird die Lenden-Darmbein-Muskulatur intensiv trainiert. Deswegen sollte sie nicht zusätzlich an Kraftgeräten gestärkt werden. Eine kräftige Lenden-Darmbein-Muskulatur unterstützt muskuläre Dysbalancen, die häufig Ursache für Rückenschmerzen sind. Muskuläre Dysbalancen verändern die Gelenkstellung, z. B. kippt das Becken. Wichtig ist das gezielte Beweglichkeitstraining der Oberschenkelvorder- und Oberschenkelrückseite sowie die Kräftigung der ischiocruralen Muskulatur.

Oberschenkelvorderseite (Quadrizeps)

Der vierköpfige Muskel der Oberschenkelvorderseite sorgt für die Kniestreckung (z. B. beim Torschuss) und stabilisiert sowohl das Becken als auch das Kniegelenk. Verspannungen, die umgangssprachlich Verkürzungen genannt werden, wirken sich durch die Zugbelastung negativ auf die Wirbelsäule aus. Weil die Oberschenkelvorderseite im Verhältnis zur Oberschenkelrückseite sowieso eher zu kräftig ist, sollte aus diesem Grund wenn überhaupt nur der innere Anteil gekräftigt werden, der zur Kniegelenkstabilisation beiträgt.

Oberschenkelrückseite (Ischiocrurale Muskelgruppe)

Die Oberschenkelrückseite ist für den Fußball ein zentraler (Problem-)Muskel. Bei allen Sprint- und Sprungbewegungen wirkt er mit. Wie vorher beschrieben, ist die ischiocrurale Muskelgruppe tendenziell im Verhältnis zu den Kraftwerten der Vorderseite zu schwach. Beim Fußballtraining entwickelt sich gerne ein Missverhältnis zwischen den kräftigen Muskeln der Oberschenkelvorderseite und den Kraftwerten der Oberschenkelrückseite. Deswegen wirkt sich ein Krafttraining positiv auf das Kniegelenk aus. Weil die Zugspannungen der Oberschenkelvorderseite gebremst werden, minimieren sich z. B. Probleme an der Kniescheibe (Patellaspitzensyndrom).

Gleichzeitig neigt die Oberschenkelrückseite zu Verspannungen, was eine Hyperlordose (Hohlkreuz) unterstützt. Eine verkürzte Muskulatur an der Oberschenkelrückseite stellt deswegen eine Ursache für Kreuzschmerzen im Lendenwirbelsäulenbereich dar.

Adduktoren

Adduktorenprobleme sind beim Fußballer ständige Begleiter. Zum einen liegt das daran, dass eine funktionale Beweglichkeitsübung nicht gleichzeitig alle 5 Adduktorenanteile berücksichtigt. Oft vernachlässigt man einen oder

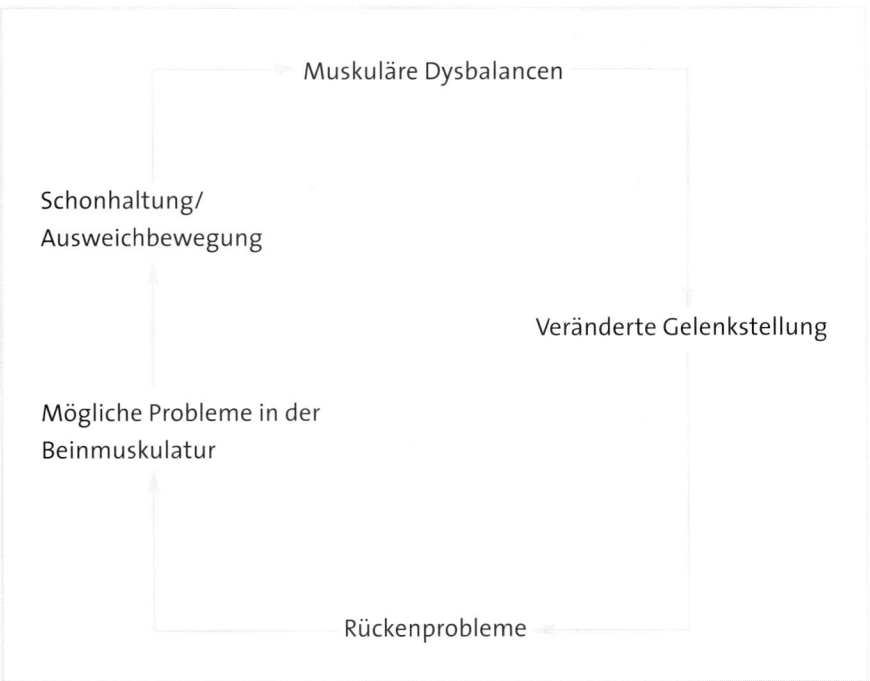

Teufelskreis zwischen muskulären Dysbalancen und deren Auswirkungen
auf die Beweglichkeit und Gelenke

sogar mehrere Adduktorenanteile, weil man beim Beweglichkeitstraining immer wieder dieselben Übungen ausführt. Folglich verletzt sich bei einer Bewegung der untrainierte oder verspannteste Anteil. Zum anderen wirkt sich eine schwache Bauchmuskulatur negativ auf den Adduktorenbereich aus. Beim Training sollte deswegen darauf geachtet werden, nicht nur alle Adduktorenanteile angemessen zu mobilisieren, sondern auch die Bauchmuskulatur regelmäßig zu kräftigen. Ein Bauchmuskeltraining ist allerdings manchmal erst möglich, wenn eine

akute Adduktorenverletzung ausgeheilt ist.

RÜCKENMUSKULATUR

Die Rückenmuskulatur ist für Fußballer von zentraler Bedeutung. Die verschiedenen Anteile geben dem Rumpf Halt und stabilisieren zusammen mit den Bauchmuskeln die Wirbelsäule. Im Gegensatz zur Bauchmuskulatur müssen möglichst alle Anteile der Rückenmuskulatur sowohl ins Beweglichkeitsprogramm einbezogen werden, was bei der Bauchmuskulatur beinahe vernachlässigt werden kann, als auch gekräftigt werden.

Die Kraftübungen beim Fußballtraining sind in der Regel Komplexübungen, weil sie gleichzeitig mehrere Muskelgruppen erfassen. Häufig werden gleichzeitig auch die Muskeln der Oberschenkelrückseite und der Gesäßmuskel beansprucht. Während beim Beweglichkeitstraining eine starke Hohlkreuzbildung vermieden werden muss, ist eine leichte Überstreckung der Lendenwirbelsäule bei Kraftübungen unproblematisch.

BAUCHMUSKULATUR

Gute Bauchmuskeln halten die Wirbelsäule gerade und stabilisieren sie. Weil die Position des Beckens und der Wirbelsäule entscheidend von einer guten Bauchmuskulatur abhängt, ist deren Training besonders wichtig. Zumal die Bauchmuskulatur zu den phasischen, weißen Muskeln gehört und zum Abschwächen neigt. Im Verhältnis zu den Rückenmuskeln ist sie deswegen meistens zu schwach. Aus diesem Grund werden im Praxisteil einige funktionale Bauchkräftigungsübungen vorgestellt.

GESÄSSMUSKULATUR

Bei fast allen Fußballbewegungen ist auch die Gesäßmuskulatur beteiligt. Da sie auch bei der Beckenstabilisation beteiligt ist, unterstützt die Gesäßmuskulatur die Bauchmuskulatur und die ischiocrurale Muskulatur beim Aufrichten des Beckens. Der Gegenspieler (Antagonist) vom Gesäßmuskel ist die meistens sehr kräftige Lenden-Darmbein-Muskulatur. Deswegen empfiehlt sich sowohl die gezielte Kräftigung als auch ein gelegentliches Beweglichkeitstraining.

WADENMUSKULATUR

Die Wadenmuskulatur setzt sich aus dem Zwillings- (m. gastrocnemius) und dem Schollenmuskel (m. soleus) zusammen. Gemeinsam setzen sie über die Achillessehne am Fersenbein an. An allen fußballtypischen Lauf- und Sprungbewegungen ist die Achillessehne beteiligt. Daher ist deren Pflege besonders wichtig. Beim Beweglichkeitstraining müssen alle drei Anteile berücksichtigt werden, um Achillessehnenreizungen vorzubeugen.

FUSSBALLTRAINING UND SCHÄDLICHE UV-STRAHLEN

Immer mehr Menschen, leider auch immer mehr Fußballer, leiden unter den Umwelteinflüssen. Die Schutzschicht in der Atmosphäre filtert die Sonnenstrahlen nicht mehr ausreichend. Die Hautoberfläche beträgt über eineinhalb Quadratmeter. Sie ist der Sonne und den Umweltbelastungen direkt ausgesetzt. In der Tat beschleunigen UV-Strahlen die Hautalterung, weil sie biochemische und molekularbiologische Prozesse und Hautschäden auslösen. Die UV-Strahlen lösen aggressive Reaktionen aus. Chronische Sonnenschäden sind die Folge. Sie bleiben lange unsichtbar. Da Fußballer sich der Sonne nicht entziehen können, müssen sie gegen die zerstörerische Wirkung der Strahlung vorbeugen. Aus diesem Grund gehören Sonnencremes mit UVA- und UVB-Filter in jeden Medizinkoffer. Trainer im Jugendbereich sollten die Eltern bitten, dass ihre Kinder bei entsprechendem Wetter eingecremt zum Training oder Spiel erscheinen. Die UV-Strahlen sind unsichtbar und können den Hautkrebs fördern. Deswegen sollte man sich mit einem UV-Breitbandfilter schützen.

SCHMERZEN BEI VERLETZUNGEN

Bei Muskelverletzungen oder nach einem Tritt gegen das Schienbein empfindet man Schmerzen. Reelle Schmerzen kann man unterdrücken, oder sie werden unterdrückt. Es gibt Berichte, wo Fußballer mit einem angebrochenen Bein zunächst weiterspielten. Indes kann man auch Schmerzen (Phantomschmerzen) empfinden, obwohl kein Grund ersichtlich ist.

Der Schmerz ist ein Sinneserlebnis mit Warnfunktion. Die Schmerzmeldung ist eine «Warnanlage», die einen Schaden meldet. Schmerzen können oberflächlich oder in der Tiefe liegen. Sie sind akut, wenn sie gerade auftreten, oder chronisch, wenn sie andauernd gespürt werden. Die Ursachen für Schmerzen können auch psychisch bedingt sein.

Für die Bedeutung eines aktuellen Schmerzes spielt die Schmerzwahrnehmung, die bisherige Schmerzerfahrung und die individuelle Schmerztoleranz eine Rolle. Während der eine Fußballer bei einem kleinen Stups höllische Schmerzen beklagt, muss man andere Spieler auf eine Verletzung aufmerksam machen, weil sie im Eifer des Gefechts den Schmerz «verdrängen».

Nahezu alle Gewebe enthalten Fühler, um Schmerzen wahrzunehmen und weiterzuleiten. In der quer gestreiften Skelettmuskulatur registrieren schmerzempfindliche Sinnesfasern entsprechende Reize, die sie dem Gehirn mitteilen. Schmerzen werden auch wahrgenommen, wenn die Blutzufuhr zum Muskel gedrosselt ist (Muskelischämie) und schmerzauslösende Substanzen freigesetzt werden.

Nach einer Gewebeschädigung kommt es in der Regel zu einer Schmerzschwellensenkung (Hemmung durch Endorphine und Opioide). Schmerzblocker wirken narkotisch. Deshalb sind selbst große Verletzungen akut nicht immer mit starken Schmerzen verbunden. In der Haut befinden sich bis zu 200 Schmerzrezeptoren pro Quadratzentimeter. Erfolgt z. B. ein Tritt von hinten gegen den Achillessehnenbereich, schütten die Schmerzfühler Signalstoffe aus, die veranlassen, dass der Schmerzreiz an das Rückenmark weitergemeldet wird. Im Rückenmark erfolgt auf die eingehende Schmerzinformation sowohl die Reaktion, z. B. der Reflex, das Bein zurückzuziehen, als auch die Weiterleitung an die höheren Hirnregionen. Über den Thalamus gelangt die Schmerzmeldung in die Großhirnrinde. Erst dort wird der Schmerz «bewusst».

Damit Muskelschmerzen oder Muskelkater schmerzhaft empfunden werden, müssen zum einen spezifische, sensible Nervenenden in die entsprechenden Bereiche hineinreichen und zum anderen die Impulse in Etappen neuronal und biochemisch in die höheren Gehirnregionen gelangen.

SPORTMASSAGE

Die Sportmassage erfüllt eine wichtige Funktion bei der Regeneration. Durch das Lockern der strapazierten Muskeln wird die Durchblutung angeregt. Der Muskel erholt sich schneller und ist deswegen weniger verletzungsanfällig. Denn eine Muskulatur, die noch nicht wieder voll belastbar ist, verkrampft.

Bei nachfolgenden Belastungen kann sich deswegen eine Muskelverletzung ergeben. Daher ist eine Lockerungsmassage vor, aber vor allem nach der Belastung empfehlenswert. Sportmassagen sind Hilfen bei der Wettkampfvorbereitung und bei der individuellen Pflege. Sie ersetzt jedoch weder das fußballspezifische Aufwärmen noch die für die Regeneration notwendigen Belastungspausen.

LYMPHDRAINAGE

Neben dem Blutkreislauf durchzieht auch das Lymphsystem den ganzen Körper. In den Lymphbahnen wird Wasser aus dem Gewebe abtransportiert, filtriert und in die Blutgefäße zurückgebracht. Bevor die Lymphgefäße in die Venen münden, dienen die Lymphknoten als Filterstation. Das Lymphgefäßsystem bildet nur einen Halbkreis. Ihm steht im Unterschied zum Blutkreislauf kein Pumpsystem zur Verfügung. Deswegen müssen beim Transport der Lymphflüssigkeit andere Fördermechanismen zur Anwendung kommen.

Für den Fußballer wird die Lymphdrainage nach Sportverletzungen relevant, um Schwellungen nach Verletzungen, also gestautes, überflüssiges Körperwasser (Ödeme) aus dem Gewebe abzutransportieren. Auf diese Weise bilden sich Schwellungen schneller zurück, Schmerzen werden gelindert und Bewegungseinschränkungen aufgehoben.

Verschiedene Griffe der manuellen Lymphdrainage stellen wieder ein Gleichgewicht zwischen der Gewebewassermenge und der Leistungsfähigkeit der Lymphbahnen her. Diese fein dosierte Massagetechnik, bei der die Finger bzw. die Hand flach aufliegen, wurde vom dänischen Masseur Emil Vodder entwickelt. Dabei wird in langsamen, sanften, rhythmischen Pump- und Drehgriffen die Oberhaut gegen die Unterhaut verschoben und dadurch das Unterhautgewebe in Kreisbewegungen massiert. Man streicht immer in Richtung der Lymphbahnen, damit der Abfluss der im Gewebe aufgestauten Lymphflüssigkeit gefördert wird. Nach der Behandlung bandagiert man das Gewebe, um eine Reömadisierung (Zurücklaufen der Flüssigkeit) zu vermeiden. Die manuelle Lymphdrainage unterstützt die Lymphgefäße in ihrer Arbeit auch deshalb, weil die Eigenmotorik der Lymphgefäße zur Kontraktion angeregt wird. Sie bringt zudem die körpereigene Abwehr, das Immunsystem in Gang. Nach erfolgreicher Entstauung ist die Haut gründlich zu pflegen.

WIRKUNGSWEISEN DES BEWEGLICHKEITSTRAININGS

Fußballtraining ohne Dehnen im Aufwärmteil ist heute kaum mehr vorstellbar. Zumindest in jeder Jugendtrainer- und Lizenztrainerausbildung lernt man die Bedeutung von Dehnübungen. Stretching, so dachte man zumindest, beantwortete folgende Fragen:

- Welche Wirkungen auf den Organismus werden dem Dehnen zugeschrieben?
- Warum genau dehnt man?
- Welche Trainingseffekte erwartet man in den verschiedenen Trainingsphasen?

Darauf gibt es folgende Antworten: Durch Stretching

- erzielt man eine Verbesserung der Gelenkbeweglichkeit;
- wird das Bindegewebe flexibler;
- vermeidet man Bewegungseinschränkungen;
- verhindert man arthrotische Gelenksveränderungen, weil muskuläre Dysbalancen die Gelenkstellung nicht mehr verändern können;
- wird der Muskeltonus gesenkt;
- erhöht man die Leistungsbereitschaft, weil das neuromuskuläre System verbessert wird;

- entwickelt sich ein positives Körpergefühl;
- verbessert man die Konzentrationsfähigkeit auf die nachfolgende Aktivität;
- bewirkt man eine Steigerung der Eiweißsynthese mit der Zunahme der in Serie geschalteten Sarkomere.

Stretchingübungen sollen den Muskel, im Verhältnis zu den traditionellen, schwungvollen Dehnübungen, besonders effektiv dehnen. Dadurch hofft man, Verletzungen nahezu ausschließen zu können. Allgemein gilt die Vorstellung, dass durch das Dehnen Muskelverkürzungen reduziert beziehungsweise ganz verhindert werden können. Mit Stretching beugt man damit Beweglichkeitseinschränkungen vor, weshalb auch keine muskuläre Dysbalancen entstehen. Dehnt man dagegen nicht, entwickeln sich Muskelverspannungen und Muskelverkürzungen, die zu Muskelverletzungen führen können, aber auch ursächlich für Rückenschmerzen verantwortlich sein können.

Dehnprogramme stehen in zeitlicher Abhängigkeit und bezüglich der Intensität in funktionaler Verbindung zu den verschiedenen Trainingsphasen. Dementsprechend soll das Stretching auch unterschiedliche Wirkungen haben.

In der *Aufwärmphase* ist das Ziel, die sportartspezifische Belastung so vorzubereiten, dass die Beanspruchung im Training oder Wettkampf optimal, aber vor allem ohne Verletzungsfolge ausgeführt werden kann. Man ist der festen Überzeugung, richtiges Dehnen reduziere das Verletzungsrisiko. *Vor dem Wettkampf* dürfe aber keine lange Dehneinheit durchgeführt werden. Sonst, so meint man, sinkt der Muskeltonus ab, was für schnellkräftige Bewegungen nachteilig wäre. *Nach starken muskulären Belastungen* (Training oder Wettkampf) beginnt man am besten sofort mit der Regeneration, damit die «harten» Muskeln wieder weich und Muskelverkürzungen aufgehoben werden. Auslaufen und Beweglichkeitsübungen, aber auch Massagen oder ein Entmüdungsbad sind geeignete Maßnahmen in der Regeneration. In der *Rehabilitation* will man die durch Ruhigstellung bedingten Muskelverkürzungen minimieren. Zudem soll die Gelenkmobilität wiederhergestellt werden, damit eine Gelenk(knorpel)degeneration vermieden bzw. aufgehalten wird.

Bewusst wurden die Funktionen des Stretching an dieser Stelle nur zusammengefasst genannt. Denn neue naturwissenschaftliche Erkenntnisse führen auch zu neuen Trainingsgesetzen. Das Beweglichkeitstraining mit dem PI-Effekt löst das herkömmliche Stretching ab. Ein wesentlicher Faktor des

Stretching bleibt erhalten; beim Training mit dem PI-Effekt wird die Dehnposition wie beim Stretching langsam eingenommen und gehalten. Wippen oder andere dynamische Bewegungen, die in der Vergangenheit lange üblich waren, sind nicht erwünscht.

WEITERENTWICKLUNG DES BEWEGLICHKEITSTRAININGS

Gewohnheiten prägen. Übungsleiter halten gerne an vertrauten Trainingsmodellen fest, was sicher nicht immer schlecht ist. Doch können traditionelle Vorstellungen auch zu Fesseln werden. Viele sind «gefangen» von Vorstellungen über den Organismus. Die Modelle von der Muskulatur waren anschaulich, klar und einprägsam. Wenn sich bei der Bewegung der Muskel (Myosin und Aktin) ineinander verschiebt, wobei sich der Muskel häufig auch äußerlich sichtbar verdickt, dann erscheint es schlüssig, dass bei der Gegenbewegung der Muskel wieder in die Länge gezogen, also gestretcht wird. Beim Stretching, so glaubte man, verschieben sich also Aktin und Myosin voneinander weg. Bei diesem übersichtlichen Modell orientierte man sich zweifelsohne an scheinbar klaren Wahrheiten.

Genau in der Einfachheit des Modells liegt das Problem. Es ist so einleuchtend, dass es lange Zeit von kaum jemandem hinterfragt wurde. Jahrelang wurde es tradiert, aufgeschrieben und von Trainern übernommen. Auf diese Weise rutschte man immer tiefer in «ein Gefängnis der Logik». Dabei arbeitet der Muskel viel komplexer. Ein Vergleich soll diese Vorstellung erleichtern.

Wir stellen uns den Muskel als Betriebssystem vor. Verändert sich das Betriebssystem nicht, verändert sich auch die Wirkung des Betriebssystems nicht. Wandelt sich das Betriebssystem, verändern sich auch alle damit verbundenen Wirkungen. Definitive Veränderungen basieren also auf einem neuen Programm. Alles andere wäre trügerisch.

Entscheidend für Weiterentwicklung ist, dass man Forschungsergebnisse nicht ignoriert, sondern sie aufgreift. Dadurch ändert sich manchmal das ganze Gerüst der Trainingslehre. Würde man aber alten Wein (das alte, unveränderte Muskelmodell) in neue Schläuche (Begrifflichkeiten) füllen, verändert sich die Qualität des Weines (Stretchings) nicht. Nur «neuer Wein» (Wahrheiten über das Beweglichkeitstraining) bringen eine bessere Trainingsqualität.

Was hinderte uns, Neues anzunehmen:

- Die Traditionen fesseln uns an Vorstellungen über den Muskelaufbau.

- Neuerungen stellen immer eine Gefahr für lieb gewonnene Gewohnheiten dar. Deswegen begegnet man Innovationen erst einmal skeptisch (es kann doch nicht alles verkehrt gewesen sein).
- Wissen ist Macht. Wird das Wissen hinterfragt, wird man machtlos. Welcher Trainer darf gegenüber den Vorgesetzten und Spielern Schwächen eingestehen, ohne an Autorität zu verlieren? Folglich setzt man lieber falsches Wissen machtvoll ein, bevor man Schwächen zugibt.

Über Veränderungen in der Verletzungsprophylaxe kann man nicht mit einem Trainer diskutieren, wenn dieser von den entscheidenden Sachverhalten nichts versteht. Deswegen werden in diesem Buch wesentliche Zusammenhänge erklärt. Dem Leser wird zugemutet, alte Maßstäbe zu überprüfen und gegebenenfalls aufzugeben. Gleichzeitig sollen neue Gewohnheiten aufgebaut werden, die sich in der Praxis bereits bewährten.

Chancen zur Weiterentwicklung ergeben sich folglich, wenn man sich von begrenzenden Vorstellungen befreien kann. Falsche wissenschaftliche Wurzeln erkennt man an der Qualität der Frucht. Ist die Wirkung der wissenschaftlichen Forschung unbefriedigend, treten also immer noch viele Muskelverletzungen auf, ist entweder die wissenschaftliche Grundlage verbesserungswürdig oder es muss der korrekte Umgang mit den wissenschaftlichen Erkenntnissen (die Trainingslehre und Trainingspraxis) optimiert werden.

Selbstkritisch muss man eingestehen: Wenn die scheinbar klaren Wahrheiten über den Muskelaufbau und das Stretching richtig wären, dann müssten die Auswirkungen im Fußballtraining und Wettkampf besser sein. Es dürften nicht so viele Verletzungen auftreten.

Folglich müssen schlechte wissenschaftliche Wurzeln abgeschnitten werden, damit frische Triebe bessere Ergebnisse bewirken!

DER MUSKEL

Über 300 Muskeln stabilisieren den Körper. Es entsteht eine Bewegung, wenn der Muskel kontrahiert und entspannt (Relaxation). Beim Erwachsenen macht die Muskelmasse ca. 40 Prozent des Körpergewichts aus. Bei trainierten Fußballern kann der Prozentsatz deutlich steigen, da durch Training Muskelfasern verstärkt werden. Weil die willkürliche Muskulatur ständig mit dem Zentralnervensystem in Verbindung steht, ist sie das bedeutendste Sinnesorgan. Über Sehnen sind die Muskeln mit Knochen verbunden. Manchmal geht der Muskel direkt in den Knochen über. Jeder Muskel hat ein körpernahes Muskelende, den Muskelursprung, und ein körperfernes, der Ansatz genannt wird. Wenn sich ein Muskel kontrahiert, bewegen sich die beiden Muskelenden aufeinander zu, ein Körperteil beugt sich. Der Gegenmuskel ist der Muskelstrecker oder Antagonist. Er sollte während der Beugebewegung möglichst entspannt sein, damit die Beugemuskulatur nicht gegen Widerstände ankämpfen muss. Wichtig für die Trainingslehre ist, dass ein Muskel verschiedene Anteile haben kann, die an unterschiedlichen Knochen ansetzen können. Beim Beweg-

lichkeitstraining führt die Berücksichtigung bzw. Nichtberücksichtigung des Muskelverlaufs zu funktionalen oder unfunktionalen Ausführungsvarianten. Soll ein Muskel gestreckt werden, müssen sich Ursprung und Ansatz voneinander entfernen. Sind Ursprung und Ansatz angenähert, befindet sich der Muskel nicht in einer optimalen Übungsposition.

MUSKELARTEN

Aufgrund des Muskelgewebes unterscheidet man mehrere Muskelarten:

a) Glatte Muskulatur
b) Haltemuskulatur
c) Bewegungsmuskulatur

Glatte Muskulatur: In den Arterienwänden (Hohlorganen) und den Wänden von Darm, Blase und Magen findet man die glatte Muskulatur. Die spindelförmigen Zellen haben einen zentral gelegenen Kern. Sie zeichnen sich durch lang anhaltende Kontraktionen aus. Die glatten Muskelfasern (sie haben mikroskopisch betrachtet keine Querstreifung) sind kleiner als die Skelettmuskelfasern und können nicht durch den Willen beeinflusst werden, sie arbeiten unwillkürlich.

Haltemuskulatur: Sie ist durch eine bessere Blutversorgung gekennzeichnet und wird auch rote oder tonische Muskulatur genannt. Sie ermüdet langsamer, neigt aber zum Verkürzen. Die rote Muskulatur gewinnt ihre Energie hauptsächlich durch Oxidation.

Bewegungsmuskulatur: Diese Muskulatur der Arme und Beine wird auch quer gestreifte Muskulatur genannt. Die weiße oder phasische Muskulatur ermüdet schneller, sie ist geringer durchblutet, neigt zum Abschwächen, aber nicht zum «Verkürzen». Energie gewinnt sie vorwiegend ohne Sauerstoff, indem Glukose aufgespalten wird.

QUER GESTREIFTE SKELETT-MUSKULATUR

Alle Muskeln, die für Fortbewegungen verantwortlich sind, gehören zur so genannten quer gestreiften Muskulatur. Der Name erklärt sich durch den Aufbau der Muskelfaseranteile. Die Anordnung der Aktin- und Myosinfilamente z. B. in der Arm- und Beinmuskulatur bewirkt, dass durch das Mikroskop betrachtet die Muskulatur quer gestreift erscheint. Verantwortlich dafür ist die unterschiedliche Lichtdurchlässigkeit der Filamente.

Ein Muskel setzt sich aus Millionen von länglichen Muskelzellen zusammen. Der Muskel ist aber kein Hochleistungsmotor aus einem Guss, sondern viele «Einzelkraftwerke» bringen gemeinsam Energie auf. Deswegen liegen im Skelettmuskel die Fasern nebeneinander gebündelt. Ein Bündel kann sich aus über fünfzig Muskelfasern (Muskelzellen) zusammensetzen. Einzelne Muskelzellen können über fünfzehn Zentimeter lang sein, sie sind aber weniger als einen zehntel Millimeter dick.

Funktional unterscheidet sich die Skelettmuskulatur von der Herzmuskulatur oder glatten Muskulatur, weil sie willkürlich kontrahiert werden kann, d. h., sie ist dem menschlichen Willen unterworfen.

Bewegung findet nur statt, wenn ein Signal vom zugehörigen Nerv den Muskel innerviert. Der vom Motoneuron eingehende Nervenimpuls löst in der Muskelzelle eine Reihe von Folgereaktionen aus. Am Ende gleiten unter Energieverbrauch (ATP) die Fibrillen (Gleitfilamenttheorie) schrittweise ineinander. Die Summe aller sich verschiebenden Muskelfasern ist die aufgebrachte Gesamtkraft. Weil sich die Eiweißfilamente dabei ineinander verschieben und verkürzen, wird der Muskel dicker. Dieser Vorgang wiederholt sich, solange u. a. ATP in genügender

Konzentration vorhanden ist. Erfolgen mehrere Kontraktionen hintereinander, ermüdet der Muskel. Nur bei Reflexen kontrahieren die willkürlichen Muskeln auf einen Reiz unwillkürlich.

GLATTE MUSKULATUR

Aktin- und Myosin sind nicht wie bei der quer gestreiften Skelettmuskulatur regelmäßig angeordnet. Teilweise sind sie spindelförmig, teilweise sternförmig verzweigt. Die glatte Muskulatur findet man im Körper dort, wo unermüdliche Halteleistungen erforderlich sind. Bei der Regulierung des Blutkreislaufes erfolgt die Größenveränderung der arteriellen Gefäße durch glatte Muskeln. Solche unwillkürlichen Muskelkontraktionen geschehen langsam, sie dauern dafür aber länger an. In den Eingeweideorganen (Darm) kann die Kontraktion mehrere Minuten anhalten, ohne einen Erschöpfungszustand hervorzurufen, da der Sauerstoffverbrauch bei der Energiegewinnung äußerst gering ist.

HERZMUSKULATUR

Die Zellen der Herzwand (Myokard) stellen eine dritte Art von Muskelgewebe dar. Das Myokard kombiniert die Merkmale der quer gestreiften und glatten Muskulatur. Es kontrahiert wiederholt schnell und unwillkürlich. Durch die verzweigte Anordnung ist die Herzmuskulatur auf Dauerleistung angelegt. Dabei sind die einzelnen Muskelzellen fest miteinander verbunden.

DER MUSKELAUFBAU

Ein Skelettmuskel besteht aus einer Vielzahl von Muskelfaserbündeln mit einem Durchmesser von 0,1 bis 1 mm, die wiederum aus Tausenden von Muskelfasern zusammengesetzt sind. Der Durchmesser der Muskelfaser liegt bei 20–60 µm und ihre Länge variiert zwischen 1 und 120 mm. Durch Verschmelzung mehrerer Zellen erhält die einzelne Muskelfaser mehrerer Zellkerne. Im Sarcoplasma der Muskelfaser befinden sich Bündel von einigen hundert parallel angeordneten Muskelfibrillen (Muskelzellen). Eine Muskelfaser besteht aus ca. 2500–3500 Myofibrillen, die sich über die ganze Länge der Muskelfaser erstrecken. Sie haben einen Durchmesser von 0,5–1 µm.

Unterteilt sind die Myofibrillen durch Z-Membrane in jeweils etwa 2,2 µm lange Abschnitte (Sarkomere). Ausgehend von der Z-Linie erstrecken sich die Aktinfilamente zwischen die Myosinfilamente. Um die Z-Membrane liegen die lichtmikroskopisch sichtbaren helleren Zonen, die so genannten I-Banden. In der Mitte jedes

Sarkomers befindet sich die lichtmikroskopisch dunklere Zone, die so genannten A-Bande, sodass die gesamte Muskelfaser quer gestreift erscheint.

In beiden Zonen lagern verschieden lang die Proteinfäden (Aktin und Myosin), durch welche die Kontraktilität (Sich-Zusammenziehen) der Muskulatur begründet ist. Dieser Gleitfilamentmechanismus ist komplex, denn ein Myosinfilament ist von sechs Aktinfilamenten umgeben. Das bedeutet, dass beim Gleitmechanismus ein Myosinfilament gleichzeitig mit sechs Aktinfilamenten zusammenwirkt.

Die helleren Zonen (I-Banden) bestehen aus dünneren Aktinfilamenten, die mittig an der Z-Membran verankert sind. Im dunklen Bereich lagern die Myosinfilamente (A-Bande); dort überlappen sich die Aktin- und Myosinfilamente. Den aktinfreien, zentral gelegenen Bereich nennt man H-Zone.

Jedes Sarkomer setzt sich aus ca. 100 Myosin- und 400 Aktinfilamenten zusammen. Das Myosinfilament trägt am Ende einen Kopf, in welchem sich eine Bindungsstelle für das Aktin und eine für das ATP befindet. Durch den besonderen Aufbau der Aktin- und Myosinfilamente im Sarkomer ragen einige Hundert Myosinköpfchen symmetrisch heraus und zu den Aktinfilamenten hin. Dieser geometrische Aufbau macht das Aneinanderheften von Aktin und Myosin und das teleskopartige Ineinander-Verschieben während

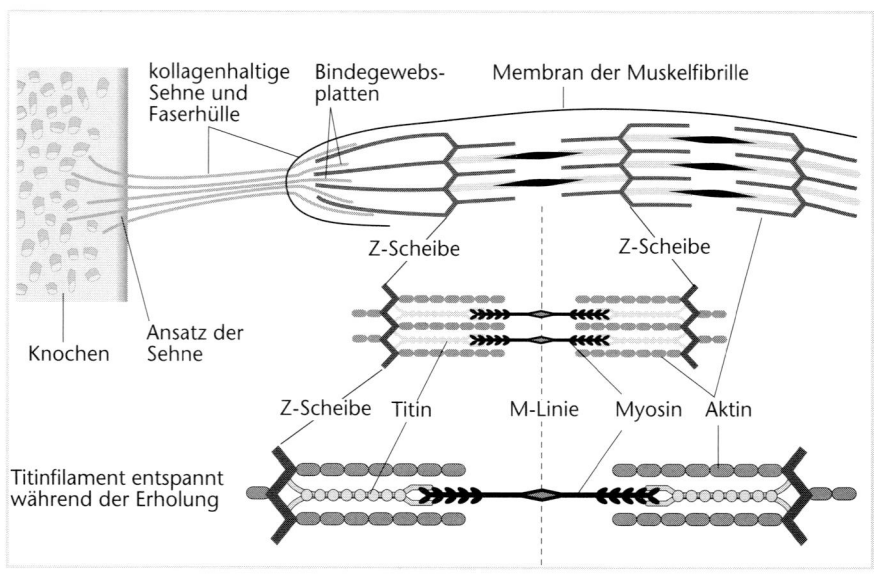

Lichtmikroskopischer Aufbau der Myofibrille

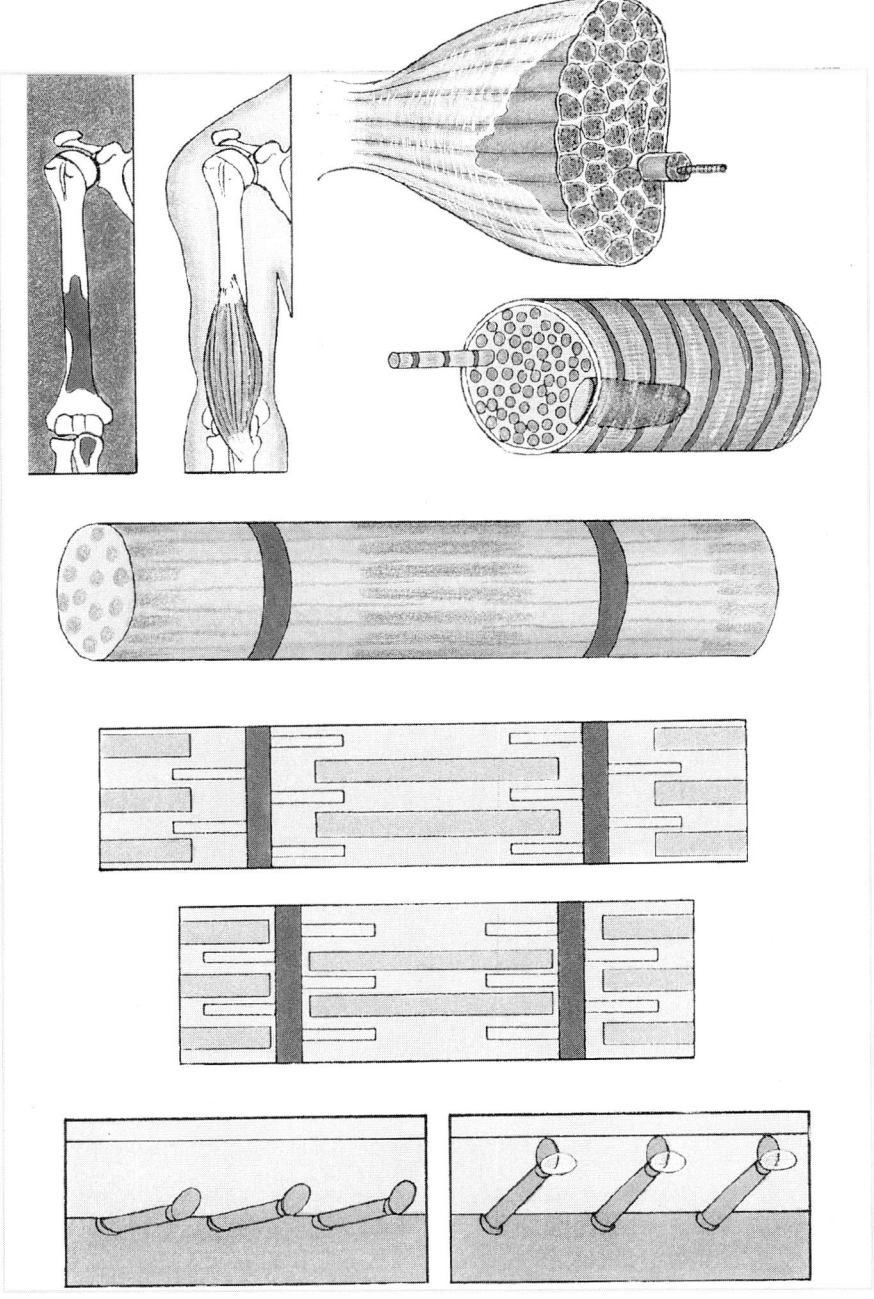

Muskelaufbau

Der Aufbau des Sarkomers führt zu Fakten bzw. zu Fragen, welche die Beweglichkeit und die Trainingslehre entscheidend beeinflussen können:

- Bei Bewegung verschieben sich Aktin und Myosin ineinander. Wie viele solcher Verkürzungen sind hintereinander möglich?
- Gibt es Zugkräfte, die nach mehreren Kontraktionen die Brückenbildung zwischen Aktin und Myosin erschweren? Liegen diese Kräfte im gleichen Muskel oder im Gegenmuskel (Antagonisten)?
- Wenn sich Köpfchenverbindungen von Aktin und Myosin wieder lösen, kehren die Filamente wieder in ihre ursprüngliche Position zurück, oder benötigt man Dehnübungen, damit sie wieder in ihre ursprüngliche Position zurückkehren können?
- Wenn die Filamente nicht von alleine vollständig in ihre ursprüngliche Position zurückkehren können, also eine Restverkürzung zurückbleibt, ist es überhaupt möglich, dass man mittels Stretchingübungen diese Restverkürzung wieder auflöst?
- Wenn man nicht über Stretchingübungen das Sarkomer in seine Ursprungslänge zurückführen kann, wie verlängert sich das Sarkomer dann wieder in seine Ausgangslänge (sonst würde der Muskel ja immer kürzer werden!)?
- Kann das Sarkomer über die Ausgangslänge hinaus «gedehnt» werden?
  - Was würde dieser Prozess für die Stabilität der Muskelstruktur bedeuten?
  - Wären die Kraftwerte des Muskels anschließend besser oder schlechter?
  - Wäre der Muskel anschließend flexibler und weniger verletzungsanfällig oder labiler und mehr verletzungsanfällig?

den Muskelkontraktionen möglich. Kippt unter ATP-Verbrauch das Myosinköpfchen, verschieben sich dabei Aktin und Myosin ineinander, sodass sich das Sarkomer (der Muskel) verkürzt (der Muskel wird dicker). Die Summe aller Verschiebungen wird äußerlich in der Bewegung sichtbar.

Bindegewebe und Sehnen

Der gesunde Muskel ermöglicht eine physiologische Gelenkstellung. Dabei muss auch das dazugehörige kollagene Bindegewebe entsprechende Bewegungen zulassen.

Streckt sich ein Gelenk, «bremst» das Bindegewebe Bewegungsausschläge. Die Bremsfunktion tritt allerdings erst dann in Kraft, wenn das Bewegungsausmaß über eine normale Reichweite hinaus geht. Dabei werden die kollagenen Fibrillenstrukturen in die Länge gezogen. Die Muskelhülle, die Gelenkkapsel und die Sehnen beschränken die Beweglichkeit. Ihr Widerstand beim Beweglichkeitstraining ist von den muskulären Strukturen klar zu trennen. Intensive und lange Dehnreize führen zu Veränderungen im intramuskulären Bindegewebe und vielleicht auch im Sehnenapparat. Wird das Bindegewebe plötzlich um mehr als ein Drittel ihrer Gesamtlänge gedehnt, kann es reißen. Das Heraustreten des Muskelgewebes aus einer lokal gerissenen Faszie nennt man Muskelhernie.

Alle Muskelfasern sind von einem Bindegewebsmantel (Endomysium) umgeben. Das Perimysium umgibt mehrere Muskelfasern und Muskelfaserbündel. Der gesamte Muskel besitzt zudem eine äußere, straffe Bindegewebshülle (Epimysium). Das Bindegewebe hat eine doppelte Funktion.

Zum einen speichert es Energie. Bringt ein Muskel bei Bewegungen Kraft auf, verkürzt sich der Muskel und wird dicker. Die elastische Struktur des Bindegewebes ermöglicht eine Verdickung. Im gestrafften Bindegewebe speichert sich Energie, die nach der Beendigung der Kontraktion den Vorgang unterstützt, dass die Muskelzelle in ihre Ausgangslänge zurückkehren kann. Zum anderen schützt das Bindegewebe vor Verletzungen.

Man kann sich dies so vorstellen: Jedes Haus hat Wände, die stabilisieren, und zumeist haben die Wände eine Isolierung, welche die Bewohner und die Einrichtung vor Umwelteinflüssen schützt. Es ist ein Unterschied, ob es sich um eine einfache Bretterwand oder eine moderne Betonverkleidung mit entsprechenden Dämmschichten handelt. In unseren Breitengraden sind die Bauvorschriften streng. Orkane können zwar Ziegel vom Dach fegen, aber sie zerstören kein Haus. Selbst wenn ein Auto gegen eine Hauswand schleudert, sind die Bewohner in der Regel sicher.

Ähnlich verhält es sich mit dem Skelettmuskel. Er ist äußeren Kräften nicht schutzlos ausgeliefert. Der Skelettmuskel hat eine Schutzwand (das Bindegewebe), die enorme Kräfte aushält und Stoßeinwirkungen von außen wirkungsvoll abdämpft.

Die Ursachen von Muskelverletzungen sind vielseitig. Häufig wird argumentiert, dass der Muskel beim Dehnen leicht verletzt werden kann. Um auf solche Behauptungen eingehen zu können, darf nicht nur die Muskelstruktur beschrieben werden. Die quer gestreifte Muskulatur lagert wie beschrieben in Bindegewebshüllen. Der gesamte Skelettmuskel wird von einer Faszie umgeben. Sie besteht aus strapazierfähigem, kollagenem Gewebe. Durch die gitterförmige, überkreuzte Struktur ist die Faszie sehr stabil. Sie bietet dem Muskel eine schützende Röhre, in der er wirken kann.

Unter der Faszie liegt das Epimysium, das aus lockerem kollagenem Bindegewebe besteht. Es umschließt ebenfalls den gesamten Muskel. Vom Epimysium strahlen Bindegewebsblätter (Perimysium) in die Tiefe des Muskels ein, welche Bündel von Muskelfasern umgreifen. Das Perimysium ist eine Bindegewebsstraße für Blut- und Lymphgefäße und Nerven.

Einzelne Muskelfasern sind vom Endomysium umgeben. Sie sorgen für die Reißfestigkeit des Muskels. Jede Muskelzelle ist wiederum von einer Basalmembran umgeben.

Die straffen Kollagenfaserzüge des Epi- und Perimysiums vereinigen sich zu den Sehnen, die in den Knochen einstrahlen.

WO TRETEN VERLETZUNGEN AUF?

Der Skelettmuskel liegt also gut geschützt in elastischen Bindegewebshüllen. Wird ein Bein gestreckt, wirkt sich die Dehnung nicht automatisch sofort auf die Mikrostruktur des Muskels aus. Ähnlich wie eine heftige Windböe nicht gleich die Glühbirne einer Wohnzimmerlampe zerstört, reißen die Muskelfilamente nicht sofort entzwei, wenn eine (starke) Dehnung erfolgt.

Die Muskeln bilden zusammen mit dem Bindegewebe (Faszien), Sehnen, Bändern und der zugehörigen nervösen Steuerung eine funktionale Einheit.

Verletzungsgefahren bestehen in dieser funktionalen Einheit für

· die Sehnen,
· die Verbindungsstelle zwischen Sehne und Knochen (Insertionsstelle),
· die Verbindung von Muskel und Sehne,
· das Bindegewebe,
· den Muskel selbst.

Verletzungsgefahren bestehen in allen Teilbereichen der funktionalen Einheit. Sorgfältiges Aufwärmen vermindert die Verletzungsgefahr deutlich. Sind Bänder und Sehnenapparat in kaltem Zustand, steigt das Verletzungsrisiko überproportional.

Geschwächt wird diese funktionale

Einheit, wenn kleine Verletzungen unbemerkt bleiben. Die Sehnen verbinden Muskulatur und Skelett. Die im Muskel aufgebrachten Kräfte übertragen sich über die Sehnen auf den Knochen. Sehnen bestehen aus kollagenhaltigen Fasern, die in Bündeln angeordnet sind. Die Kollagenfasern sind extrem zug- und reißfest (10 000 N / cm^2). Der wellige Verlauf der Sehnen sichert eine gewisse Dehnreserve. Die Sehnen selbst sind schlecht durchblutet, sie verlaufen jedoch im durchbluteten Gleitgewebe. Deshalb sind Heilungsprozesse der Sehne in der Regel langwierig.

Bevor im Normalfall eine Sehne reißt, verletzt sich das Muskelgewebe. Das bedeutet umgekehrt aber nicht, dass zuerst das Muskelgewebe gedehnt wird, bevor die Sehne sich strafft und dehnt.

Besonders im Sehnenbereich können sich Vorverletzungen dramatisch auswirken. Eine Achillessehne reißt nicht einfach durch, sondern es liegen bereits Vorschädigungen vor. Solche Vorschädigungen entstehen, wenn ein Spieler einen Tritt gegen die Achillessehne bekam oder wenn kontinuierlich eine Über- beziehungsweise Fehlbelastung auftrat. Die Elastizität der Sehne lässt nach, oder Faserteile der Sehne sind lädiert.

Ein besonderes Verletzungsrisiko für die funktionale Einheit stellt eine schnell auftrainierte Muskelmasse dar. Es kann zu Missverhältnissen zwischen Muskelkräften und Zugfestigkeit der Sehnen kommen. Des Weiteren ist eine große Muskelmasse nicht automatisch leistungsfördernd. Alle Muskelfasern müssen zusammenwirken (Koordination). Diese koordinativen Prozesse werden von motorischen Nerven gesteuert.

Zusammenfassung und Ausblick auf die weiteren Kapitel

Um Verletzungen zu vermeiden, muss immer die funktionale Einheit berücksichtigt werden. Prophylaxe bedeutet, dass der Muskel in seiner Struktur bekannt ist, kleine Verletzungen ernst genommen und damit größere Verletzungen vermieden werden. Vorbeugende Maßnahmen beim Beweglichkeitstraining verändern nicht selbstverständlich die Mikrostruktur des Muskels. Um die Beweglichkeit der Muskulatur zu verbessern, bedarf es weiterer funktionaler Analysen. Entscheidend für die Verletzungsprophylaxe des Muskels ist, wie die Mikrostruktur des Muskels verändert wird. Diese Überlegungen führen zwangsläufig zu neurophysiologischen Steuerungsprozessen der Muskulatur. Der Muskel reagiert auf Reize. Dabei rückt im funktionalen Verband das Zustandekommen der Optimierung (Koordinierung) der Muskeltätigkeit in den Blickpunkt. Solche Optimierungs-vorgänge bedürfen des (Beweglich-keits-)Trainings. Millionen von Ner-venzellen wirken mit Millionen von Muskel«motoren» (Sarkomere) zu-sammen. Der PI-Effekt löst die wesent-lichen Trainingsimpulse im Nerv-Mus-kel-Zusammenspiel aus.

MUSKELFASERTYPEN

Für den Fußballer sind die verschie-denen Muskelfasertypen von großer Bedeutung. Die Anzahl der einzelnen Fasern ist mit entscheidend für die sportliche Leistungsfähigkeit. Sie be-stimmen auch das äußere Aussehen. Der Muskelfasertyp ist enorm wichtig für die Dosierung der einzelnen Trai-ningseinheiten.

Die Fasertypen sind in verschiede-nen Muskeln unterschiedlich häufig. Gewöhnlich befindet sich in der Bein-muskulatur eine Mischung aus schnell und langsam zuckenden Fasern, wäh-rend in der Rückenmuskulatur eindeu-tig die langsamen Fasern dominieren. Die prozentualen Anteile von roten und weißen Muskelfasern sind gene-tisch angelegt. Durch Training verän-dert sich dies nur begrenzt. Faktisch wird man deshalb zum Ausdauersport-ler (Mittelfeldspieler) geboren, wenn rote Muskelfasern überwiegen, oder zum Sprinter (Stürmer), wenn weiße Fasern überwiegen.

Folgende Muskelfasertypen findet man in der Skelettmuskulatur. Man unterscheidet sie aufgrund ihrer Funk-tion.

ROTE MUSKELFASERN

Typ I-Fasern (slow twitch fibres): Die langsamen roten Muskelfasern findet man in der Haltemuskulatur. Es sind leistungsfähige, kontinuierliche An-spannungsfasern. Ein dichtes Kapillar-netz umgibt sie, und sie haben einen hohen Myoglobingehalt sowie viele Mitochondrien. Die roten (tonischen) Fasern ermüden nicht so schnell und sind für längere Ausdauerbelastungen geeignet. Aufgrund der Faserstruktur liegt nahe, dass die rote Muskulatur unter hoher Enzymaktivität im aero-ben Kohlenhydrat- und Fettstoffwech-selbereich arbeiten kann. Dabei fällt kaum Laktat (Milchsäure) an. Ausdau-erstarke Mittelfeldspieler verfügen in der Regel über einen hohen Anteil an diesen ST-Fasern.

Tipps für das Beweglichkeitstraining

Der Fußballer muss besonders die to-nische Beinmuskulatur ins Beweglich-keitstraining einbeziehen. Alle Anteile der Adduktorengruppe, der gerade Oberschenkelmuskel, die gesamte ischiocrurale Muskelgruppe sowie alle Anteile der Wadenmuskulatur neigen «zum Verkürzen». Zwar sind diese

Muskeln gut durchblutet, aber die nervöse Aussteuerung führt zu «Muskelverkürzungen». Wenn man bei diesen Muskelgruppen nicht regelmäßig die Beweglichkeit mit dem PI-Effekt trainiert, besteht eine hohe Verletzungsgefahr.

WEISSE MUSKELFASERN

Typ II-Fasern (fast twich fibres): Die schnellen weißen Muskelfasern zeichnen sich durch eine hohe Kontraktionsgeschwindigkeit aus. Allerdings ermüden die weißen (phasischen) Zuckungsfasern auch schneller, da sie wesentlich mehr Kraft aufbringen und im anaeroben Bereich arbeiten. Diese weißen Fasern sind myoglobinarm und im Querschnitt dicker als die roten Fasern. Überwiegend erfolgt die Energiegewinnung glykotisch. Dafür sind schnellkräftige Kontraktionen mit großer Kraftentwicklung möglich. Auch bei statischen Belastungen sind sie von Bedeutung. Stürmer und Abwehrspieler in der Leistungsspitze verfügen häufig über einen höheren Anteil von FT-Fasern. Ab einer bestimmten Belastungsintensität kommen gleichzeitig viele Muskelfasern zum Einsatz. Die Zeit zur Regeneration reicht nicht aus. Deshalb sind die möglichen Belastungsumfänge in der Regel kurz.

Um den Einsatz von vielen Fasern zu optimieren, muss die Muskulatur ausreichend vorbereitet und aufgewärmt werden. Dazu sind Beweglichkeitsübungen mit dem PI-Effekt geeignet.

Tipps für das Fußballtraining

Der Fußballer muss vor allem die statisch wirkende phasische Muskulatur regelmäßig kräftigen, sonst entwickeln sich muskuläre Dysbalancen. Die gesamte Bauchmuskulatur und der Gesäßmuskel sollte deswegen regelmäßig beim Krafttraining berücksichtigt werden. Passiert dies nicht, kommt es häufig zu Lendenwirbelsäulen- und Bandscheibenproblemen. Drückt eine Bandscheibe gegen die Nerven, erscheinen manchmal dubiose Muskelschmerzen. Man sucht vergeblich die Ursache in der Beinmuskulatur. Dort wirken sich zwar muskuläre Dysbalancen aus, eine Muskelverletzung, Zerrung oder Ähnliches liegt nicht vor, sondern ein nervöses Steuerungstrauma, eben ausgehend von der Lendenwirbelsäule.

INTERMEDIÄRE FASERN

Typ II-Fasern unterteilt man noch ein Mal in Untergruppen:

- Der Fasertyp II A ist schnell zuckend und trotzdem ziemlich resistent gegen Ermüdung.
- Der Fasertyp II B ist ebenfalls

schnell zuckend, ermüdet aber leichter.

- Der Fasertyp II C verfügt über ähnliche oxidative Kapazitäten wie die roten Fasern und gleiche glykotische Fähigkeiten wie die schnellen Fasern. Dieser Fasertyp, der zahlenmäßig gering ist, scheint je nach Trainingsintensität die Eigenschaften der schnellen oder ausdauernden Fasern annehmen zu können.

DIE MUSKELFIBRILLE

Die treibende Kraft für die Bewegung ist innerhalb der Muskelfibrille zu finden. Myosin und Aktin sind starre Muskeleiweiße und bilden gemeinsam die kleinste Muskeleinheit, das Sarkomer. Ein Sarkomer ist nur zwei Tausendstel Millimeter lang. Dieser Motor der Bewegung wäre als Antrieb alleine viel zu schwach. Deswegen sind Millionen Sarkomere hinter- und nebeneinander geschaltet. Sie sind beidseitig über Z-Streifen miteinander verbunden. Die länglichen Aktinfilamente sind mit einem Ende in der Z-Scheibe verankert. Damit Bewegung zustande kommt, benötigt das Aktin die Myosinfilamente.

Erfolgt eine Kontraktion, kann das Myosinfilament in das Aktinfilament gleiten. Am Myosin befindet sich eine köpfchenförmige Struktur, die seitlich vorragt und sich an das benachbarte Aktin bindet. Anschließend kippt das Köpfchen in einer Art Ruderbewegung und übt dabei mechanische Zugkräfte aus. Dieser Vorgang kann sich mehrfach wiederholen. Der Zyklus besteht aus der Querbrückenbindung, dem Kippen, dem Wiederloslassen und dem erneuten Anheften. Bei Bewegungen verschieben sich die Sarkomere teleskopartig ineinander und verkürzen sich dabei. Die Länge der Aktin- und Myosinfilamente bleibt immer unverändert.

Hört die Querbrückenverbindung auf, erschlafft der Muskel. Der Muskel kann sich nur wieder verlängern, wenn die Köpfchenverbindung gelöst ist.

Die Regulation der aufzubringenden Kraft erfolgt über zwei Mechanismen:

1. Je mehr motorische Einheiten aktiviert werden, desto mehr Muskelfasern kontrahieren.
2. Je häufiger einzelne Motoneurone Erregungen weiterleiten, desto länger dauert der «Ruderprozess» zwischen Myosin und Aktin an.

Die geordnete Struktur der Myofibrille ausschließlich aus dicken Myosin- und dünnen Aktinfilamenten wurde durch die zellbiologischen Forschungen inzwischen vielfach modifiziert. Über die Art und Weise, wie die Muskelzelle aufgebaut ist, gibt es ständig neue Befunde. Die Struktur des Titinfilaments

gehört zu den wesentlichsten For-
schungsergebnissen. Seine Funktion im
Zytoskelett ist von außerordentlicher
Bedeutung.

DAS TITINFILAMENT

Seit vielen Jahren ist bekannt, dass sich
bei sportlichen Bewegungen Myosin-
und Aktinfilamente ineinander verschieben. Das strukturierte Gleitmodell
zwischen dem dicken Myosin enthal-
tenden und den dünnen Aktin enthal-
tenden Filamenten galt als ausreichend, um die Arbeitsweise der quer
gestreiften Skelettmuskulatur zu erklären. Das Modell von Bewegungsabläufen war, wie sich seit Mitte der 90er
Jahre zeigte, freilich stark vereinfacht.
Andere Moleküle, wie das Titinfilament, wurden lange Zeit in der Zell-
struktur nicht berücksichtigt. Dabei
wird die Muskeltätigkeit im Sarkomer
unter anderem gerade durch das Titinfilament erleichtert. Im Zusammenspiel der Muskelkontraktion und -ent-
spannung spielt dieses Protein eine wesentliche Rolle.

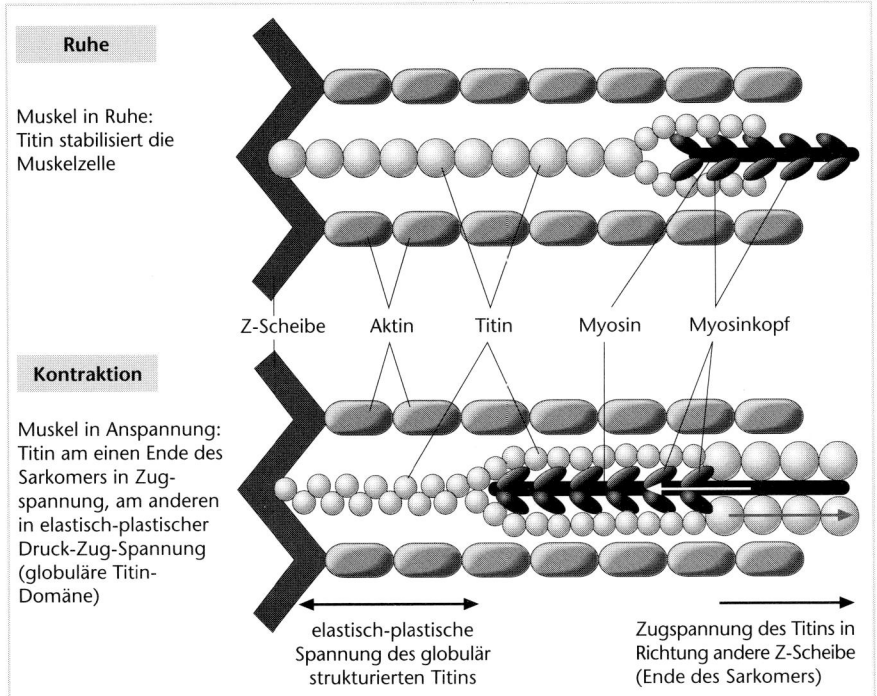

Ruhe

Muskel in Ruhe:
Titin stabilisiert die
Muskelzelle

Z-Scheibe   Aktin   Titin   Myosin   Myosinkopf

Kontraktion

Muskel in Anspannung:
Titin am einen Ende des
Sarkomers in Zug-
spannung, am anderen
in elastisch-plastischer
Druck-Zug-Spannung
(globuläre Titin-
Domäne)

elastisch-plastische
Spannung des globulär
strukturierten Titins

Zugspannung des Titins in
Richtung andere Z-Scheibe
(Ende des Sarkomers)

Titinfilament

Moderne Kraftmikroskope eröffnen neue Welten, denn sie erkennen Grundbausteine der Biologie, die millionenfach kleiner sind als die Objekte unserer gewohnten Umgebung. Mit ihnen lassen sich nicht nur mechanische Eigenschaften mit einer Positionsgenauigkeit von wenigen Nanometern messen, sondern auch mit den Spitzen lassen sich spektakulär biologische Oberflächenveränderungen hervorrufen. Eine Fähigkeit des Kraftmikroskops ist es, Moleküle auseinander zu ziehen.

In den siebziger Jahren gelang es erstmals, das Titinfilament zu bestimmen. Es ist ein Riesenmolekül, und eine Tintinkette setzt sich aus ungefähr 30 000 Aminosäuren zusammen. Heute verwundert es, dass die Bedeutung des Titins so lange unklar blieb. Innerhalb des Sarkomers ist es ein eigenständiges Filament mit spezifischen funktionalen Eigenschaften. Dank des Kraftmikroskops kann man die Entfaltung der Kraft-Abstands-Kurven des Muskelproteins Titin inzwischen auflösen.

Die Titinstruktur ist erstaunlich lang und sorgt im Muskel für Elastizität und Stabilität. Die Stabilität wird durch die Tatsache erreicht, dass es sich mit dem Myosin- und Aktinfilament verbinden kann. Weil sich das Titinfilament am Ende des Aktinfilaments verbindet, das nicht mit Myosin überlappt, behindert es nicht das In-einandergleiten. Für die elastischen Eigenschaften sorgt der Titinabschnitt, der weder mit Aktin noch mit Myosin verbunden ist. Dadurch hält es als molekulare Feder das Myosinfilament in der Mitte des Sarkomers. Der elastische Anteil ist in unterschiedlichen Muskeltypen auch unterschiedlich lang. Da das Skelettmuskel-Titin länger ist als das Herzmuskel-Titin, sind die Sarkomere im Skelettmuskel auch viel elastischer.

Zusammenfassung

Das Titinfilament ist ein zentrales Protein der Muskelzelle, das für Form und Funktion gleichermaßen wesentlich ist. Es ist an der Kontraktion und Entspannung beteiligt.

DIE MUSKELFASERLÄNGE

Die Anzahl der Sarkomere und die Sarkomerlänge steht im Verhältnis mit der maximal erreichbaren Beweglichkeit. Der Muskel kann sich entsprechend der Trainingsreize anpassen. Er verändert seine funktionelle Länge, das bedeutet, er verkürzt oder verlängert sich.

Während der körperlichen Entwicklung im Kindheits- und Jugendalter passt sich die Skelettmuskelfaser vorwiegend durch Hinzufügen neuer Sarkomere dem Längenwachstum an. Trainings- und Dehnreize bewirken eine Steigerung der Eiweißsynthese. Der gesunde Muskel verändert sich in der Länge trainingsspezifisch. Er kann sich durch die Zunahme der in Serie geschalteten Sarkomere verlängern.

Eine Stilllegung des Gelenks in gebeugter Position bewirkt, dass sich die Muskelsteifheit vergrößert, was auf die Zunahme an Bindegewebe zurückgeführt wird.

Parallel mit der trainingsbedingten Vergrößerung des Faserumfangs nimmt die Anzahl der Titin-Myosin-Filamente zu, sodass eine Rückkehr des Gelenks in die «Normalposition» erwartet werden kann.

MUSKELVERLETZUNGEN VERMEIDEN UND BEHANDELN

Beim Fußball machen Muskelverletzungen einen hohen Prozentanteil aller Verletzungen aus. Muskelverletzungen können und dürfen nicht unterschätzt werden. Ob in den Kreisligen oder der Oberliga, in der Bundesliga oder in der Nationalmannschaft, überall fehlen Leistungsträger, wenn sie wegen einer Muskelverletzung ausfallen.

Werden Muskelverletzungen prophylaktisch vermieden, was ein Ziel jedes Übungsleiters sein muss, dann können alle Spieler konstant eingesetzt werden. Besonders die Führungsspieler einer Mannschaft sind nicht ohne Leis-tungsverlust ersetzbar. Fallen Leistungsträger aus, gehen wichtige Punkte oder Spiele verloren, was im Profigeschäft häufig mit enormen finanziellen Einbußen verbunden ist. Eine Muskelverletzung zwingt den Spieler je nach Schwere zur Trainings- und Wettkampfpause. Selbst der beste medizinische Stab kann Muskelverletzungen nicht wundersam heilen. Eine 24-Stunden-Betreuung von Profis ermöglicht einen kürzeren Heilungsverlauf als bei Amateuren.

Unvergessen bleibt die professionelle Betreuung von Jürgen Klinsmann während der Europameisterschaft 1996 in England. Als er sich im Viertelfinale gegen Kroatien einen Muskelfaserriss an der Wade zuzog, hätte er eigentlich die Heimreise antreten können. Innerhalb von nur wenigen Tagen gelang es dem medizinischen Stab um Dr. Hans-Wilhelm Müller-Wohlfahrt und Physiotherapeut Hans-Jürgen Montag, Klinsmann wieder für das Endspiel fit zu bekommen. 2001 sprach Franz Beckenbauer von sportmedizinischen Leistungen, die einen Eintrag in das Guinness Buch der Rekorde verdient hätten. Solche Dankeshymnen lösten ebenfalls die gelungenen Knieoperationen von Giovane Elber und die Behandlung von Jens Jeremies aus. In der Tat ermöglichte die medizinische Abteilung das Mitwirken von Elber bereits 10 Tage nach der Knieoperation gegen Real Madrid, der es im Hin- und Rückspiel mit dem wichtigen 1:0 dankte. Bayern München wurde anschließend Champions-League-Sieger.

Völlig zu Unrecht werden manche Behandlungserfolge als «Wunderheilung» bezeichnet. Damit wird man auch den Spezialisten nicht gerecht. Der rasche Einsatz eines Spielers nach einer Verletzung ist die Summe harter Arbeit. Die neuesten Behandlungsmethoden werden angewendet, und dem Wiedereinstieg geht ein seriöser Härtetest voraus. Erst wenn dieser bestanden wird, erfolgt das grüne Licht für den Trainer. Allerdings ist die optimale Behandlung nicht die Regel und für die meisten Fußballer unrealistisch.

ZU HOHE BELASTUNG UND FEHLENDE VORBEREITUNG

Verletzte Fußballer fallen während der Rehabilitation immer für alle Spiele aus. Deswegen ist eine richtige Behandlung von Muskelverletzungen wichtig. Viel besser wäre es jedoch, wenn sich die Spieler erst gar nicht verletzten.

Häufig sind es Kleinigkeiten, die über Sieg und Niederlage, Auf- und Abstieg, Weiterkommen oder Ausscheiden entscheiden. Schiedsrichter werden gerügt, sie hätten das Spiel durch ihre (angebliche Fehl-)Urteile stark beeinflusst. Auf den Schiedsrich-

ter hat man hoffentlich nie Einfluss, doch Muskelverletzungen sind durch geeignete Präventionsmaßnahmen teilweise zu verhindern.

- Wie häufig verletzen sich Spieler?
- Welche Trainingsmethoden verhindern solche Verletzungen?
- Mit welchen vorbereitenden Maßnahmen kann sich die volle Leistungsstärke eines Spielers entfalten?

Man sollte vermeidbare und kaum vermeidbare Muskelverletzungen unterscheiden. Unvermeidbar sind Verletzungen, die durch Gewalteinwirkung von außen (Foul) bedingt sind.

Muskelverletzungen sind in der Regel eine Folge von zu hoher Belastung ohne entsprechende Vorbereitung. Deswegen ereignen sich die meisten Muskelverletzungen bei schnellkräftigen Bewegungsaktionen, wie beim Spurt, Sprung oder Torschuss. Wahrscheinlich liegen die Hauptursachen für Muskelverletzungen darin, dass Bewegungen bei mangelnder intermuskulärer und intramuskulärer Koordination durchgeführt werden. Zumeist wird dabei die zumutbare Dehngrenze des Muskels überschritten. Je nach Art und Anzahl der verletzten Muskelfasern spricht man von Zerrung, Faserriss oder Muskelriss.

Vermeidbar sind Muskelverletzungen, wenn:

- der Muskel nicht richtig aufgewärmt wurde;
- die Muskulatur nicht vor Unterkühlung geschützt wurde;
- trotz Konditionsrückständen eine große Belastung folgte;
- Überbelastungen den Muskel zu sehr beanspruchten;
- muskuläre Dysbalancen Muskelverspannungen bedingten, die häufig Muskelverletzungen verursachen;
- unerwartet extreme Bewegungen zum Koordinationszusammenbruch und zu Verletzungen führten;
- eine falsche Belastungsdosierung beim Training vorlag;
- bei Vorschädigungen weiter trainiert wurde oder vorschnell eine starke Belastung folgte.

Die primäre Verletzungsprophylaxe möchte trainingsbedingte Muskelverletzungen bereits vor dem Entstehen vermeiden.

Die sekundäre Verletzungsprophylaxe beinhaltet alle Maßnahmen, die nach einer Muskelverletzung das erneute Aufbrechen der Verletzung verhindern helfen.

Vor jedem intensiven Training oder Wettkampf muss der Muskel auf Betriebstemperatur gebracht werden. Gezieltes Aufwärmen und Beweglichkeitstraining vermeiden Muskelverletzungen. Beim Fußball darf die Aufwärmphase gerne 20 Minuten betragen.

Tipps

Nach den ersten Aufwärmübungen sollte dicke Trainingskleidung ausgezogen werden. Entledigt man sich erst zum Wettkampf der langen Hose, ist der Temperaturunterschied zwischen Haut und Muskel sehr groß. Unterstützend ist eine Sportkleidung, die den Schweiß nach außen abgibt, sodass er verdunsten kann. Im Sommer muss sich ebenfalls aufgewärmt werden. Verstärktes Schwitzen ist durch vermehrte Flüssigkeitsaufnahme auszugleichen.

Um die Ursachen und die Dringlichkeit von körperlichen Problemen zu bewerten, unterscheiden Sportmediziner zwischen Sportverletzung und Sportschaden. Während bei einer Sportverletzung, wie z. B. einer Zerrung oder Prellung, möglichst Sofortmaßnahmen ergriffen werden müssen, entwickelt sich ein Sportschaden über einen längeren Zeitraum. Dieser ist meist ohne Operation oder intensive Rehabilitationsmaßnahmen nicht mehr reparabel. Der Sportschaden ist die Folge von einem Sportunfall oder einer immer wiederkehrenden Über- bzw. Fehlbelastung.

MUSKELZERRUNG

Die verschiedenen Muskelverletzungen unterscheiden sich nur in der Menge der betroffenen Muskelfasern. Die zeitliche Dauer des Heilungsverlaufs ist abhängig davon, wieweit die Muskelfaserstruktur anatomisch erhalten blieb oder unterbrochen wurde. Egal ob eine kleinere oder größere Muskelverletzung vorliegt, der Sportler darf erst dann wieder am Wettkampftraining oder Spiel teilnehmen, wenn die Verletzung vollständig ausgeheilt ist. Nach einer Verletzung sollte vor einem Wettkampfspiel ein beschwerdefreies Training möglich sein.

Bei einer Zerrung treten im betreffenden Muskel Beschwerden auf, mit deutlicher Abnahme der Dehnungselastizität. Verursacht wird eine Zerrung durch unkontrollierte bzw. unkoordinierte Bewegungen. Eine Delle ist im Muskel nicht tastbar. Bei Belastungen oder bei Dehnreizen des Muskels treten jedoch Schmerzen auf, die krampfartig sein können. Die Steuerung der Muskelfunktion ist gestört. Durch Kapillarrisse kann Blut ins Muskelgewebe fließen, jedoch ist dies von außen meistens nicht sichtbar. Da bei Zerrungen nicht unbedingt ein Geweberiss vorliegt, muss es nicht zu Blutungen kommen. Wird trotz Muskelzerrung weiter Sport getrieben, kann das zu Faserrissen führen. Um eine Muskelzerrung auszukurieren, ist bei guter Behandlung nur eine Belastungspause von 3 bis 5 Tagen notwendig, weil die anatomische Muskelstruktur erhalten bleibt.

Sofortmaßnahme

Abbrechen des Trainings oder des Wettkampfes. Unmittelbare Kühlung mit Eiswasser und sehr sanfte, verspannungslösende Beweglichkeitsübungen. Kompressionsverband mit anschließender Hochlagerung und Schonung. Professionell wird diese Verletzung mit einer Infiltrationstherapie versorgt, um den Muskeltonus zu senken. Anschließend legt man abschwellende und entzündungshemmende Salbenverbände. Elektrotherapie und Lockerungsmassagen folgen meist am ersten Tag nach der Verletzung. Am folgenden Tag ist leichtes Lauftraining, natürlich nicht schnellkräftig, erlaubt, solange der Muskel dabei nicht schmerzt oder verkrampft. Zur Entlastung des Muskels kann parallel des Muskelverlaufs ein undehnbarer Tapeverband gelegt werden.

Die Dehntechniken mit dem PI-Effekt können das auftretende Spannungsgefühl vollständig lösen. Nur wenn wirklich kein Unwohlsein mehr vorhanden ist, darf weiter Fußball gespielt werden. Es besteht die Gefahr, dass ehrgeizige Spieler nicht aufhören wollen und trotz veränderter Muskelspannung den Wettkampf nicht ab-

Sportverletzung	Sportschaden
• Akut • Fehl- oder Überbelastung • Gegnereinwirkung • Sofortmaßnahmen	• Chronisch • Verschleißerscheinung • Körperkonstitutionell bedingt • Ärztliche Behandlung notwendig

Fußballer rasch wieder auf die Beine bringen. Wiederholung vermeiden durch: – Beweglichkeitsübungen – Aufwärmen – Passende Schuhe (z. B. Einlagen) – Schutz (Bandagen / Tape)	Überbelastungserscheinung behandeln. Operation: – Knorpel glätten, richten – Sekundär- und tertiärpräventive Maßnahmen – Kranken- und Funktionsgymnastik

brechen. Es gehört zum Verantwortungsbereich des Trainers, den Spieler bei offensichtlichen Bewegungseinschränkungen auszuwechseln. Auch wenn nur leichte Schmerzen vorhanden sind, ist ein Abbruch der Sportaktivität angemessen.

Wenn der Spieler bei ersten Anzeichen, dass der Muskel «zumacht», reagiert, hat sich das Beweglichkeitstraining mit dem PI-Effekt bereits mehrfach bemerkenswert gut bewährt. Da durch eine ungeschickte Bewegung oder durch Steuerungsprobleme die Muskelkoordination gestört ist, aber keine Muskelfaserverletzung vorliegt, kann mit der PI-Technik die Muskel-

koordination wiederhergestellt werden. Wenn nach dem Beweglichkeitstraining mit dem PI-Effekt keine Muskeleinschränkungen, kein Spannungsgefühl, kein Unwohlsein und keine Ängste zurück bleiben, ist es die Gewissensentscheidung des Trainers, ob der Spieler weiter aktiv bleibt.

Der Übergang von einer Muskelverhärtung oder Muskelzerrung zum Muskelfaserriss ist fließend. Ich persönlich habe mehrfach mit der PI-Technik Verspannungen gelöst, die sich als (leichte) Muskelverhärtung bemerkbar machten. Noch nie trat danach eine Muskelverletzung beim behandelten Sportler im nachfolgenden

Wettkampfverlauf auf. Dagegen hilft das Beweglichkeitstraining mit dem PI-Effekt nicht, wenn eine Muskelfaserverletzung vorliegt. Dann muss eine Belastungspause erfolgen.

MUSKELFASERRISS

Einzelne oder mehrere Muskelfasern sind gerissen. Häufig ist diese Verletzung mit einem plötzlich auftretenden messerstichartigen Schmerz und mit einem Bluterguss (Hämatom) verbunden. Zu beachten ist, dass sich der Bluterguss in nicht verletztes Muskelgewebe ausdehnen kann, aber nicht immer sichtbar ist. Im verletzten Bereich kann keine intensive Belastung mehr vollzogen werden. Je nach Schwere der Verletzung und Lage ist eine Delle im Muskel tastbar. Drückt man auf den verletzten Bereich, tritt in der Regel ein Druckschmerz auf. Als Reaktion auf den Riss kommt es reflektorisch zu Verhärtungen in der unverletzten Muskulatur. Der Sportler nimmt unbewusst eine Schonhaltung ein, die äußerlich beobachtbar den typischen Bewegungsablauf verändert. Bei der Schonhaltung nähert der verletzte Fußballer Ursprung und Ansatz des Muskels einander an, weil dadurch keine Zugschmerzen spürbar sind.

Besonders nach mangelndem Aufwärmen und nachfolgenden schnellkräftigen Belastungen ist die Gefahr eines Muskelfaserrisses gegeben. Wenn im bereits ermüdeten Muskel eine extreme Belastung folgt, steigt die Gefahr eines Muskelfaserrisses. Deswegen erfordern Anzeichen wie ein aufkommender Verspannungszustand im Muskel eine sofortige Reaktion. Verletzungsvorbeugend ist der rechtzeitige Ausgleich des Flüssigkeits- und Mineralverlustes durch Schwitzen.

Durch die Annahme, dass beim Stretching der Muskel in die Länge gezogen wird, befürchtete man, dass nach dem Dehnen die Belastung auf labile Muskelverhältnisse trifft, weil das Aktin und Myosin sich nur noch in einer kurzen Überlappung befinden. Diese Vorstellung konnte durch die Gesetzmäßigkeiten, die den PI-Effekt auslösen, korrigiert werden. Das Beweglichkeitstraining mit dem PI-Effekt optimiert und stabilisiert das Nerv-Muskel-Zusammenspiel. Folglich treten nicht mehr, sondern weniger bis gar keine Muskelverletzungen auf.

Sofortmaßnahme

Sofortige Kühlung (wirkt gefäßengstellend) und Kompressionsverband mit anschließender Hochlagerung, damit die Einblutung in den Muskel eingeschränkt wird. Wichtig zu wissen ist, dass jede Minute, in der die Erstversorgung früher begonnen wird, den Heilungsprozess verkürzt und erleichtert. Eine lokale Unterkühlung des Muskelgewebes schränkt die Nervenleitgeschwindigkeit ein. Deswegen wirkt die Maßnahme auch schmerzlindernd. Eissprays oder Eisanwendungen dürfen nicht direkt auf der bloßen Haut erfolgen, da die Gefahr des Eisbrandes besteht. In der Folge empfehlen sich abschwellende und entzündungshemmende Salbenverbände, die mit einer Elektrotherapie kombiniert werden können. Nach ca. 3 Tagen dürfen sanfte Dehnübungen hinzukommen. Die normale Ausfallzeit beträgt ca. 10 bis 14 Tage; erst danach ist die verletzte Muskelfaser wieder belastungsfähig vernarbt. Sanfte Ausstreichmassagen beschleunigen den Heilungsprozess.

Persönliche Anmerkung

In den vergangenen Jahren ist mir kein einziger Fall bekannt, wo sich ein Spieler nach dem Training mit dem PI-Effekt anschließend eine Muskelverletzung zuzog. Selbst bei so genannten Problemspielern, die mit Muskelverletzungen mehrmals zu kämpfen hatten, wirkte sich der PI-Effekt positiv aus. Bei meinem Einsatz bei den Profis des VfB Stuttgart hat sich kein Spieler nach dieser Vorbereitung verletzt. Andere, die angeblich stabiler waren und ohne das Beweglichkeitstraining in den Wettkampf starteten, mussten wegen Muskelverletzungen aus dem Spiel genommen werden.

MUSKELBÜNDELRISS

Beim kompletten Muskelabriss reißen plötzlich alle Fasern des Muskels. Dabei treten starke Schmerzen auf, die sich beim Druck auf den geschädigten Bereich verstärken. Eine Fortführung der Belastung ist unmöglich, der Muskel ist kaum mehr einsetzbar. Zumeist kann sowohl eine Eindellung im Muskel ertastet als auch die Schwellung und Auftreibung zu Sehne hin gesehen werden. Es bildet sich immer ein Hämatom.

Sofortmaßnahme

Sofortige Kühlung und Kompressionsverband mit anschließender Hochlagerung, damit die Einblutungen in den Muskel minimiert werden. Gegebenenfalls Operation und längere Schonung. Beim kompletten Muskelbündelriss wird eine Sportpause von mehreren Wochen notwendig. Die Wiederaufnahme des Trainings muss bei niedriger Belastung erfolgen und sollte mit Beweglichkeitsübungen verbunden werden.

MUSKELPRELLUNG UND QUETSCHUNG

Die bekannteste Form ist der so genannte Pferdekuss, z. B. wenn einem der Gegenspieler sein Knie in die Oberschenkelmuskulatur rammt. Auch nach einem Sturz kann es zur Prellung kommen. Eine Gewebequetschung ist meistens mit Blutungen verbunden, die zumeist äußerlich sichtbar sind, aber auch in die tiefer liegende Muskulatur hineinreichen kann. Eine Prellung ist auch ohne Gewebedefekt möglich. Eine geringe Schwellung und Rötung verursacht auch nur mäßige Schmerzen, die nach wenigen Minuten verschwinden. Dagegen führen Gewebeschäden und Bluterguss zu Bewegungseinschränkungen, die je nach Größe mehr oder weniger Schmerzen bereiten.

Sofortmaßnahme
Kühlung und Kompressionsverband mit anschließender Hochlagerung. Nach 15–20 Minuten Druckverband lösen. Wird die Muskulatur wieder mit Blut versorgt, Druckverband erneut anlegen. Abschwellende und entzündungshemmende Salbenverbände. Nach 1–2 Tagen gegebenenfalls Elektrotherapie. Verboten sind Alkohol und Wärmeanwendungen, die gefäßerweiternd wirken und somit kontraproduktiv wären.

MUSKELKATER

Wohl jeder Sportler hat schon die schmerzliche Bekanntschaft mit einem Muskelkater gemacht. In der Vergangenheit provozierten ihn viele Übungsleiter in den ersten Trainingseinheiten der Vorbereitungsphase durch hartes Training. In fröhlicher Runde unterhielt man sich in den folgenden Tagen, wer am meisten Muskelkater gehabt habe und welche Gangart man gewählt hat, um Treppen und andere Hindernisse zu überwinden. Lange Zeit galt der Muskelkater als Indiz, dass «richtig» hart trainiert wurde. Auf die Strapazen folgte spätestens am nächsten Tag ein dumpfer Schmerz, der sich mit der Bewegung steigert. Dabei ist die Muskulatur druckempfindlich, steif und kraftlos. Dauerschäden sind nach Muskelkater bisher nicht beobachtet worden.

Früher dachte man, Muskelkater sei die Anhäufung von Milchsäure (Laktat), die sich bei intensivem Training vermehrt bildet. Solche Vorstellungen gelten als überholt.

Wahrscheinlich entsteht Muskelkater durch eine Überbeanspruchung des Muskels. Muskelkater tritt vor allem nach größeren, ungewohnten Belastungen, nach ungewohnten Koordinationsaufgaben und Bewegungsabläufen auf, bei denen intensiv abbremsende (exzentrische) Muskelarbeit verrichtet wurde – vor allem ein bis drei Tage nach dem Training. Nach etwa einer Woche sind die Muskelschmerzen ganz verschwunden.

Anscheinend sind besonders die weißen, vorwiegend anaerob arbeitenden Muskelfasern vom Muskelkater be-

Ursachen – wann entsteht Muskelkater?	Medizinische Beobachtungen	Physiologische Erklärungen
1. Exzentrische Kontraktionen (Bergabläufe) Ein- und beidbeinige (Tief-) Sprünge	Überlastungen und/oder Überdehnungen Mikroverletzungen im Sarkomer und Gewebeschwellungen mit erhöhtem Gewebedruck	• Störung der Köpfchenverbindung von Myosin und Aktin • Zerstörung der Z-Scheibe, die beiderseits die Sarkomere begrenzen; dadurch auch negative Beeinflussung der benachbarten Sarkomerstruktur
2. Lang andauernde Belastungen (z. B. intensiver Ausdauerlauf). Körperliche Aktivität nach langer Pause (z. B. Sommerpause)	Andauernde, erschöpfende Stoffwechselvorgänge Entzündungsreaktionen mit Leukozyteneinwanderung lassen sich nachweisen	
3. Ungewohnte, noch nicht sehr gut beherrschte koordinative Bewegungen (z. B. ungewohnter, weicher Boden)	In der Regenerationsphase findet man zwischen den Filamenten zahlreiche Eiweiß bildende Ribosome	• Besondere Beanspruchung der Myosin-Aktin-Brücken • Mangelnde intra- und intermuskuläre Koordination

Ursachen, medizinische Beobachtungen und physiologische Erklärungen des Muskelkaters

troffen. Experten vermuten, dass Überdehnungen, also Mikroverletzungen im Muskel, für den «Kater» verantwortlich sind. Deswegen ist es richtig, den Muskelkater zu den Muskelverletzungen dazuzuzählen, eben in milder Ausprägung. Wegen den Mikroverletzungen bilden sich Ödeme (Wasserbildung) im Muskel. Im betroffenen Muskelbereich werden körpereigene Histamine und Mineralien freigesetzt, welche den «Reparaturvorgang» im Muskel einleiten.

Ob Aktin- (an der Z-Scheibe) und/oder Titinfilamente aus ihren Verankerungen herausgerissen werden oder ganz andere Faktoren den Muskelkater verursachen, ist nicht sicher geklärt. Aber eine intramuskuläre Unordnung, eventuell verbunden mit

Kleinstentzündungen, verursacht in Folgereaktionen zeitlich verzögert Muskelschmerzen.

Da es sich um Mikrotraumen der Muskelfibrillen handelt, beschleunigen Massagen kaum den Heilungsprozess. Bei Symptomen des Muskelkaters dürfen weder intensives Training noch maximales Dehnen erfolgen. Sanfte Formen des Beweglichkeitstrainings mit dem PI-Effekt optimieren die intramuskuläre Koordination und senken den Muskeltonus und sind deswegen empfehlenswert.

Die Mikroverletzungen müssen aber repariert und Entzündungsprodukte abgeräumt werden. Bewährt hat sich eine leichte Bewegung in derselben Belastungsart, die zuvor zum Muskelkater geführt hat, aber ohne große Intensität. Eine vermehrte Durchblutung im Muskel baut Stoffwechselprodukte ab, die Abfall von Reparaturvorgängen sein können. Wärmeanwendungen sind daher auch geeignet.

Prophylaktisch gegen Muskelkater hilft ein mindestens 10-minütiges Aufwärmen vor der Belastung. Nachdem der Körper in Betriebstemperatur gebracht wurde, sind vor intensiveren Trainingseinheiten Beweglichkeitsübungen mit dem PI-Effekt ratsam.

EXKURS

Wahrscheinlich werden zukünftig die Mediziner (vgl. z. B. Böning 2002) mit ihren Forschungsergebnissen den Sportwissenschaftlern wertvolle Impulse geben. Durch eine interdisziplinäre Zusammenarbeit nähert man sich am schnellsten dem «Phänomen» Muskelkater.

Die Anreicherung von Milchsäure ist sicher nicht die Ursache, denn zum einen müsste der Muskelkater sofort nach dem Belastungsende spürbar sein. Zum anderen dürfte der Muskelkater nach Beseitigung der Stoffwechselstörung, nach 1 – 2 Tagen, nicht mehr auftreten. Zudem beobachtet man Muskelkater häufig nach ausdauernden Belastungen, bei denen im Gegensatz zu schnellkräftigen Aktivitäten die Milchsäurekonzentration niedrig ist.

Dass die Ursache für den Muskelkater das Herausreißen der Aktin- oder Titinfilamente aus den Z-Scheiben ist, bleibt eine Vermutung, die erst bewiesen werden muss. Dagegen spricht die Tatsache, dass bei trainierten Sportlern viel größere Kräfte auf den Bereich wirken, die nicht zu Verletzungen führen. Zudem ist am Ende jeder Muskelzelle ein elastisches Federsystem (Titin), das solche Zugkräfte puffert. Obendrein stabilisiert das Bindegewebe der Muskelzelle den Sarkomerbereich. So logisch die Erklärung scheint, bleibt zu bedenken, ob bei Bewegungen, die in allen Feinstabläufen faszinierend harmonisch und koordiniert ablaufen, sich ein solcher, vergleichsweise banaler Fehler einschleichen kann. Dann wäre in der Tat der Bereich der Z-Scheibe die Schwachstelle und somit Ursache für den Muskelkater.

Wesentlich labiler als die Z-Scheibe ist die Köpfchenverbindung von Myosin und Aktin. Die biochemischen Parameter, wie zum Beispiel die molekularen Grundprinzipen, die zu Kräften und Bewegungen im Rahmen der Muskelkontraktion führen, sind besonders in diesem Bereich weiter zu erforschen. Dringlich geboten scheint die Überprüfung und gegebenenfalls Weiterentwicklung von bestehenden Hypothesen zur Muskelkontraktion. So ist es gut denkbar, dass Muskelkater auf eine Störung des Kontaktes zwischen den Myosinköpfen mit den Aktinfilamenten zurückgeführt werden kann.

HYPOTHESEN (unter der Berücksichtigung der Forschungsberichte «Molekulare Motoren» und röntgenstrukturanalytischen Untersuchungen [Röntgendiffraktionsbilder] über die Molekular- und Zellphysiologie unter der Leitung von Prof. Dr. med. Bernhard Brenner / Hannover):

Vermutlich ist der molekulare Mechanismus, der bei Muskelkontraktionen zugrunde liegt, bei gleichen Bewegungen strukturell ähnlich. Verändert sich die Bewegungsintensität, verändern sich auch die typischen strukturellen Eigenschaften der Querbrückenbildung. Der Zyklus zwischen Myosin und Aktin wäre demnach nicht immer gleich, sondern verändert sich je nach aufzubringender Kraft. Je nach Art der Kraftintensität (konzentrisch, isometrisch, isotonisch) ist sowohl der Anteil als auch die Qualität der Querbrücken zwischen Myosin und Aktin unterschiedlich hoch.

Da Muskelkater nach besonderen Belastungen auftritt, funktioniert der sonst harmonische Zug- und Gleitmechanismus zwischen Myosin und Aktin nicht. Insbesondere bei exzentrischen Kräften scheint eine Veränderung der Querbrückenverbindungen vorzuliegen. Möglicherweise sind einzelne Verbindungen blockiert. Die Erforschung der charakteristischen Kraft- und Bewegungserzeugung im Myosin-Aktin-(Titin)-System könnte das noch nicht aufgeklärte «Rätsel» Muskelkater lösen helfen. Einen Schlüssel zum näheren Verstehen können die Physiologen liefern. Moderne Technologien ermöglichen den Einblick in organische Mikrostrukturen. Je mehr wir die Gesetzmäßigkeiten der organischen Strukturen kennen, umso genauer erklären sich Zusammenhänge von Bewegungsabläufen, und Bewegungsstörungen können analysiert werden.

Die Struktur des Myosinkopfes ist bekannt. Nicht jedoch, wie sich intensive Kräfte (z. B. exzentrische) auf den Myosinkopf auswirken. Solche Veränderungen, die eine Art Muskelversteifung darstellen, vermute ich als primäre Ursache des Muskelkaters. Die teilweise gestörte Myosinkopfstruktur sind in der Tat Mikroverletzungen. Da die Kräfte im Sarkomer von der Myosin-Aktin-Verbindung nicht mehr gehalten werden können, verschieben sich die Filamente im Sarkomer ohne die notwendige Bindung. Dadurch kommt es nachfolgend zu Sekundärschäden an einer ganz anderen Stelle, der Z-Scheibe, mit einhergehendem Kraftverlust. Diese Myosinkopfstörung wirkt im Sarkomer wie Schmirgelpapier. Eine sanfte Bewegung wird erfahrungsgemäß wohltuend erlebt, weil sie u. a. die Wiederherstellung der ursprünglichen molekularen Struktur unterstützt. Das heißt, eine sanfte Bewegung unterstützt die Synthese des Myosinkopfes sowie der Reparation der Sarkomerschäden (z. B. Z-Scheibe).

Spannend ist, ob, während sich die Muskelfibrille wieder aufbaut, es auch zu einer positiven Folge, zu einem «Trainingseffekt» (Hypertrophie), kommt. Bei der Reparatur wird eventuell in der Muskelfibrille ein weiteres Sarkomer angebaut (der Muskel wird länger) oder es entsteht sogar eine weitere Muskelfibrille (Faservermehrung/Muskelverdickung).

Entscheidend wären Messergebnisse über die Verkürzungsphase, die Gleitgeschwindigkeit, die Fasersteifheit und Faserentspannung sowie die Kraft-Geschwindigkeits-Beziehungen von einzelnen Muskelfasern bei verschiedenen Kraftarten. Dann könnte man genauer zuordnen, welcher Muskelfasertyp bei welcher Belastung Auffälligkeiten zeigt.

Anmerkung

Wird die Myosinkopfstruktur leicht geschädigt, könnte das auch die Ursache sein, dass der Muskelkater verzögert auftritt. Denn der Myosinkopf kann selbst keine Schmerzen empfinden und weiterleiten. Erst die dadurch ausgelösten Reaktionen, wie die Einlagerung von Bruchstücken, verursacht Reibungsflächen und Ödeme. Die Steigerung des Gewebedrucks wird von den Nervenendigungen des extrazellulären Bindegewebes als Schmerz wahrgenommen. Durch sanfte Bewegungen wird der Wiederaufbauprozess des Myosinkopfes wie der Z-Scheibe (Sarkomerstruktur) beschleunigt, sodass sich die Nebenwirkungen (Schmerzen) reduzieren.

Das Vorhandensein des ATP wirkt sich auf die Myosin-Aktin-Verbindung

I) Ursache

Störung der Myosin-Aktin-Struktur / Zerstörung der Z-Scheibe

Teilweise Funktionsausfall /
Verspannung / Versteifung

Schmerz/Ödembildung

Reflektorische Verspannung
des gestörten Bereichs

Koordinationsstörung/
schlechte Durchblutung

II) Gegenmaßnahmen

Wiederherstellung der Myosin-Aktin-(Titin-)Struktur

Sanfte Bewegung
mit niedriger Belastungsintensität

Verbesserung
der intramuskulären
Koordination/PI-Effekt

Reparatur der Myosin-Aktin-(Titin-)Struktur
und Z-Scheibe
Lösen der Verspannungen
Stoffwechselprozesse fördern

Ursachen und Behandlung von Muskelkater

aus. Reduziert sich das ATP oder ist es in seiner Funktion gestört, kann es seine Funktion als Motor bzw. «Weichmacher» der Muskelzelle nicht mehr erfüllen. Da Muskelkater nicht nur nach exzentrischem Krafttraining, sondern auch nach Ausdauerbelastungen auftritt, müsste nachgeprüft werden, ob die Störung der Myosin-Aktin-Tätigkeit auf das Nichtvorhandensein von ATP zurückgeführt werden kann, das sich wiederum auf das mechanische Verhalten der Muskelzellen auswirkt. Eventuell verändert sich durch die intensiven Belastungsanforderungen die Calcium-Sensibilität innerhalb der Muskelzelle, was Folgen für die regulierenden Proteine Troponin und Tropomyosin hätte.

MUSKELKRAMPF

Betroffen ist beim Fußball häufig die Wadenmuskulatur. Die Abläufe, die zu einem Krampf führen, sind nicht definiert. Verschiedene Ursachen begünstigen den akuten Verspannungszustand der betroffene Muskelabschnitte, wodurch eine weitere Bewegung nicht mehr möglich ist. Vermutlich führen zwei Faktoren den Krampfzustand herbei. Zum einen ein durch starke Belastung (Schweiß) bedingter Flüssigkeits- und Mineralverlust, der wegen starker, lang andauernder Belastung entsteht. Dabei fallen vermehrt Stoffwechsel-

produkte im Muskel an, was zu einem chemischen Ungleichgewicht im Muskel führen kann. Zum anderen liegt eine Störung der Muskelsteuerung vor. Sie wird entweder durch Durchblutungsstörungen provoziert, z. B. wegen enger Bandagen, oder Trainingsmängel äußern sich im Zusammenbruch der intramuskulären Koordination.

Liegt ein Magnesiummangel vor, wird die Produktion von ATP gestört. Deswegen kann die Aktin-Myosin-Verbindung nicht richtig gelöst werden, weil sie unter ATP-Verbrauch vollzogen wird. Kaliummangel kann ebenfalls einen Muskelkrampf verursachen, denn Kalium ist notwendig, damit der Muskel in seine Ruhelage zurückkehren kann.

Maßnahme

Passives Dehnen. Das Beweglichkeitstraining mit dem PI-Effekt eignet sich, um den Krampf zu lösen. Eine durch die Dehntechnik verbesserte intramuskuläre Koordination unterbricht blockierende Einflüsse. Die Durchblutung der Muskulatur normalisiert sich, und wenn keine Krampfsymptome mehr erkennbar sind, kann die Aktivität sogar fortgesetzt werden. Bei wiederholten Krampfsymptomen an verschiedenen Tagen sollten dem Körper Magnesium, Vitamine und vor bzw. während des Wettkampfs isotonische Flüssigkeiten zugeführt werden, damit ein Elektrolytausgleich möglich ist.

MUSKELVERHÄRTUNG

Die Muskelverhärtung beschreibt einen Zustand. Verhärtete Muskeln sind ein Zeichen, dass etwas nicht in Ordnung ist. Die Muskulatur reagiert auf ein Problem bzw. schützt sich vor einer Verletzung. Erfahrene Spieler hören mit dem Training oder Wettkampf auf, wenn der Muskel «zumacht». Werden Verspannungen ignoriert und wird trotz Muskelverhärtung weiter Sport getrieben, kann es zu schwer wiegenden Muskelverletzungen kommen. Geht die Lockerheit der Muskulatur verloren, verkürzt sich die Muskulatur zunehmend. Die Beweglichkeit ist eingeschränkt, und die Sportler haben im Muskel ein unangenehmes Spannungsgefühl.

Als Ursache für Verhärtungen kommen verschiedene Faktoren in Frage:

- Überbelastung
- Plötzliche Bewegungen
- Ständige Fehlbelastungen
- Stoffwechselstörungen
- Durchblutungsstörungen
- Überdehnungen und provozierte Schutzreaktion
- Antwort auf koordinative Probleme
- Nervöse Steuerungsprobleme

Maßnahmen

Das Beweglichkeitstraining mit dem PI-Effekt zeigte besonders bei Verhärtungen teilweise eine erstaunliche Effektivität. Sportler, die sich vorher kaum mehr bewegen konnten, spielen anschließend befreit auf. Wesentlich dabei ist, dass nach dem Beweglichkeitstraining mit dem PI-Effekt keine Muskelverhärtung mehr wahrgenommen oder Bewegungseinschränkung festgestellt werden kann. Nur dann ist eine Fortsetzung des Wettkampfes verantwortbar.

Gezielte Massagen und Wärmeanwendungen lösen Verspannungen. Die zusätzliche Flüssigkeitszufuhr mit Magnesium und Vitaminen ist empfehlenswert.

Muskelverspannungen können ursächlich von der (Lenden-)Wirbelsäule abgeleitet werden. Verspannungen (muskuläre Dysbalancen) und Fehlhaltungen führen dazu, dass die austretenden Nervenwurzelfasern, welche die Beinmuskulatur steuern, gequetscht werden oder unter Druck stehen. Eine Mobilisation und das Lösen von Verspannungen des Lendenwirbelbereichs führt zum Abklingen der Muskelverspannungen in der Beinmuskulatur.

DIE MOTORISCHE EINHEIT

Eine «motorische Einheit» ist der funktionale Verbund von einer Nervenzelle und dem Kollektiv von Muskelfasern desselben Muskels. In der Rumpfmuskulatur kann eine Nervenzelle über 1000 Fasern anregen. Dadurch ist es möglich, rasch viel Kraft zu erlangen, und die Kraftverteilung ist über den gesamten Muskel gleichmäßig verteilt. Ist eine Bewegung feinmotorisch, werden nur wenige Muskelfasern von einer Nervenzelle gesteuert.

- Je mehr Muskelfasern zu einer motorischen Einheit gehören, die innerviert werden, desto grobmotorischer kann die Bewegung sein.
- Wird die nervöse Reizintensität erhöht, werden mehr motorische Einheiten einbezogen.
- Je höher die Summe der angesprochenen motorischen Einheiten ist, desto mehr Kraft kann ein Muskel aufbringen, beziehungsweise umso mehr kann sich der Muskel entspannen.
- Die Erhöhung der Reizfrequenz sorgt für eine größere Erregung in der motorischen Einheit selbst.

Die einzelnen motorischen Einheiten sind elektrisch voneinander isoliert. Deswegen kann die Steuerung, wenn mehrere motorische Einheiten Kraft aufbringen oder sich entspannen, nur vom Zentralnervensystem erfolgen.

Beim PI-Effekt wird die Reizintensität erhöht. Dadurch kommt es zu einer besseren Aussteuerung von verschiedenen motorischen Einheiten.

RICHTIG ESSEN UND TRINKEN VERMEIDET VERLETZUNGEN

Wenn es darauf ankommt, wollen alle besser sein als der Gegner. Spitzenleistungen können nicht erbracht werden, wenn die Energievorräte fehlen oder erschöpft sind. Beim Fußball erhöht sich der Energieverbrauch, deswegen entscheidet die Nahrungs- und Flüssigkeitsaufnahme mit über Erfolg oder Misserfolg. Voraussetzung für eine sportliche Koordinationsleistung ist der optimale Nerven- und Muskelstoffwechsel. Körperliche Belastung und Schwitzen können zu einem Mangel an Nährstoffen, Elektrolyten, Mineralien und Vitaminen führen. Wird über Essen und Trinken ein Mangel nicht ausgeglichen, kommt es zu Krämpfen. Außerdem ermüden Fußballer schneller, fühlen sich ständig schlapp, und ihr Aufmerksamkeitsvermögen (die Konzentration) sinkt. Denn auch das Gehirn hat einen hohen Energiebedarf, um Informationen zu verarbeiten und weiterzuleiten.

Jeder Muskel verbraucht während der Aktion Energie. Wird ein Muskel mehrmals hintereinander gereizt, kann er ermüden. Deswegen gilt es, durch angemessene Ernährung ein Leistungstief zu vermeiden. Der Aufwand ist gering. Mit der rechtzeitigen Füllung der Energiespeicher sowie der Aufnahme wichtiger Vitamine und Mineralien beeinflusst man die Leistungsfähigkeit nachhaltig. Gleichzeitig beugt man mit der richtigen (Zwischen-)Mahlzeit Verletzungen vor.

KREATIN

Im Fußballerkreisen wird zunehmend die zusätzliche Einnahme von Kreatin empfohlen. Kreatin ist eine Aminosäure, die in Fischen wie Hering und Lachs, in Schweine- und Rindfleisch und in Milch natürlich vorkommt. Der Körper speichert in der Skelettmuskulatur das Kreatin in phosphorisierter Form als Kreatin-Phosphat. Bei normalem Lebenswandel benötigt ein 80 Kilogramm schwerer Mensch 2 bis 3 Gramm täglich. Während der fußballerischen Aktivitäten steigert sich der Kreatinbedarf, sodass es sinnvoll sein kann, Kreatin über Nahrungsergänzungsmittel in synthetischer Form als Kreatin-Monohydrat legal zuzuführen. Dies sollte aber nur unter fachlicher Kontrolle erfolgen. De facto begünstigt das Kreatin das «Muskelwachstum» und sichert die Explosivität bei Sprintleistungen. Folglich bewirkt Kreatin vor allem einen signifikanten Leistungszuwachs bei schnellkräftigen Aktionen, weniger die Verbesserung der Ausdauerwerte, die von den langsam zuckenden Muskelfasern bestimmt werden. Insofern ist die Bedeutung für den Fußballer geringer als für Sprinter in der Leichtathletik. Kreatin fördert nicht nur die Kraftentwicklung, sondern auch die rasche Erholung, weil beim Abbau keine Säure entsteht. Manchmal neigen Sportler nach der Kreatineinnahme zu Krämpfen. Nimmt man gleichzeitig Magnesium auf, lässt sich diese Nebenwirkung relativ einfach vermeiden.

Beachten Sie immer die Bioverfügbarkeit und den Reinheitsgrad von Kreatin. Nur qualifizierte Fachleute bieten «sauberes» Kreatin an, und das gibt die notwendige Sicherheit.

Einige Experten warnen vor Kreatinpräparaten im Sport, da die Einnahme die muskuläre Bioenergetik künstlich steigert. Bei der unkontrollierten Einnahme von größeren Kreatinmengen können gesundheitliche Schäden wie Nierenversagen gegenwärtig nicht ganz ausgeschlossen werden.

VITAMINE UND ENZYME

Bekannt ist, dass ein Mangel an Vitamin B$_{12}$ zu Reflexverlusten führt. Für die Funktionserhaltung und den geregelten Ablauf der Muskel- und Nervenzellen ist die Aminosäure Phosphonoserin wichtig.

Beim Sporttreiben sind Enzyme (Eiweißmoleküle) beteiligt. Im menschlichen Körper gibt es ca. 20 000 Enzyme, die den Stoffwechsel und die Blutfließeigenschaften verbessern, abgestorbenes Zellmaterial beseitigen helfen und Heilungsprozesse bei Entzündungen regulieren. Mit der Unterstützung von Enzymen gehen Schwellungen zurück und verbessert sich die Durchblutung. Bei wiederholt auftretenden Muskelverletzungen hat sich die prophylaktische Einnahme von Enzymen in Tablettenform bewährt.

Richtig trinken

Richtiges Essen, außerdem natürlich auch richtiges, vor allem reichhaltiges Trinken beugen dem Mineralstoffverlust vor und verhindern den Leistungseinbruch. Verliert der Fußballer beim Sporttreiben mehr als 2 Prozent des Körpergewichts, sinkt die Leistungsfähigkeit. Bei hohen Temperaturen verliert man in einer Stunde bis zu 2 Liter Schweiß. Das Gehirn meldet ein Durstgefühl erst spät. Deswegen beginnt der Leistungsabfall, bevor man das Bedürfnis hat, zu trinken. Wird nicht ausreichend getrunken, reduziert sich auch die Schweißbildung. Die notwendige Wärmeregulation unterbleibt, sodass die Körpertemperatur ansteigt. Die für Stoffwechselreaktionen optimale Enzymaktivität ist dadurch nicht mehr gewährleistet. Gleichzeitig verlangsamt sich die Fließgeschwindigkeit des Blutes, weshalb die Muskelzellen weniger Sauerstoff erhalten, und die notwendige Energieversorgung wird eingeschränkt. Aus diesen Gründen sollte ein Fußballer, abhängig von der individuellen Schwitzbereitschaft vor dem Spiel 0,25 – 0,5 Liter Wasser trinken und während des Spiels häufig kleinere Flüssigkeitsmengen zu sich nehmen. Ansonsten sinkt die Konzentrationsfähigkeit, was zu ungenauen Abspielen und unnötigen Zusammenstößen mit anderen Spielern führt. Isotonische Getränke sind nur im Leistungssportbereich angemessen. Für Breitensportler genügen Fruchtschorlen.

Vermeiden Sie bei warmer Witterung offenes Speiseeis und eiskalte Getränke, denn sie können zu Magenverstimmungen und Durchfall führen.

P.E.C.H. gehabt – Sofortmassnahmen bei Muskelverletzungen

Ziel eines Trainings ist immer die Leistungsoptimierung, die mit geeigneten Maßnahmen zur Verletzungsprophylaxe verbunden sind. Trotzdem lassen sich nicht alle Muskelverletzungen vermeiden. Wenn sich ein Spieler verletzt hat, sind die Sofortmaßnahmen nach der Verletzung entscheidend, damit

Tipps

zum Trinken	zum Essen
• Trinken Sie reichlich. • Bevorzugen Sie kalorienarme Getränke. • Leitungswasser oder Mineralwasser mit wenig Kohlensäure sind ideal. • Mischen Sie Fruchtsäfte mit Wasser im Verhältnis 1:3. • Gemüsesäfte oder ungezuckerte Kräuter- und Früchtetees (eventuell mit Honig gesüßt) sind eine Abwechslung. • Trinken Sie in kleinen Schlückchen und nicht zu kaltes Wasser. • Meiden Sie direkt vor und nach dem Spiel koffeinhaltige (Kaffee) und alkoholische Getränke.	• Essen Sie fett- und zuckerarm. • Kartoffeln, Vollkornnudeln und Müsli sind gute Kohlenhydratlieferanten. • Vollwertkost enthält wichtige Mineralstoffe und Vitamine. • Zur Zwischenmahlzeit eignen sich frische Salate, Obst und Gemüse. • Essen Sie häufiger Fisch statt Fleisch. • Mageres Fleisch darf sein, muss aber nicht täglich genossen werden. • Magerquark kann variabel im Speiseplan vorkommen • Hülsenfrüchte sind schwer verdaulich und vor dem Wettkampf nicht empfehlenswert.
• Trinken Sie 2 – 3 Liter am Tag. Jedoch soll die Getränketemperatur in der warmen Jahreszeit nicht unter 5 – 10 °C sein.	• Ein fettarmes Nudelgericht am Tag vor dem Spiel füllt über Nacht die Kohlenhydratspeicher.

• die Verletzungsfolgen möglichst gering und die Rehabilitationszeit möglichst kurz gehalten werden können;
• Schmerzen gelindert werden;
• eine kleine Verletzung nicht zu einer schwerwiegenden wird, die eine lange Wiederherstellungsphase zur Folge hat;
• die Einblutung in den Muskel möglichst gering gehalten wird und der Heilungsprozess deswegen möglichst kurz ist;
• die Ödembildung gering gehalten

wird, was ebenfalls zur schnelleren Regeneration beiträgt;

- die Entzündungsreaktion gemindert wird.

Kommt es nun dennoch zu einer Muskelverletzung, ist die Einleitung der richtigen Sofortmaßnahmen der erste Schritt der Regeneration. Entscheidend für die Erste-Hilfe-Maßnahmen sind fast immer die ersten Minuten. Trotzdem sind in der Akuttherapie innerhalb von 24 Stunden noch positive Effekte zu erwarten. Diese Erste-Hilfe-Regeln kann man sich mit dem Wort P.E.C.H. leicht merken.

P = Pause

E = Eis

C = Compression

H = Hoch lagern

Liegt eine Muskelfaserverletzung mit Schmerzen vor, darf der Muskel umgehend nicht weiter belastet werden. Eine Spiel*p*ause, ein Abbruch des Trainings, ist erforderlich. Es wäre falscher Ehrgeiz, trotz Verletzungssymptomen weiterzuspielen bzw. das Training fortzusetzen.

Eine unmittelbare Kühlung der betreffenden Muskelfläche bewirkt zum einen, dass sich die Einblutung im Muskel minimiert, zum anderen wirkt *E*is hemmend auf die Schmerzweiterleitung. Die Kälteapplikation beeinflusst das neuromuskuläre System. Die Nervenleitgeschwindigkeit wird herab-

gesetzt und die Wahrnehmung der Schmerzen gelindert. Wendet man allerdings Kühlsprays oder Eis zu lange an, kann das Gewebe erfrieren. Eissprays und Eistherapien sollten nicht auf der bloßen Haut erfolgen. Optimal sind die gewünschten Effekte bei Eisanwendungen mit Unterbrechungen bis zu einer Gewebetemperatur von 10–15 Grad Celsius. Eindeutig zu bejahen sind Eiswürfel in einem Plastikbeutel. Dieser Beutel wird auf ein dünnes Tuch gelegt und auf dem verletzten Bereich, eventuell mit einer Binde, fixiert.

Stößt das gegnerische Knie in den angespannten Oberschenkelmuskel, kann sich ein großes Hämatom bilden. Um die Ausbreitung eines Blutergusses zu verhindern, gilt es rasch das stumpfe Trauma zu therapieren. Ein Druckverband (Compression) minimiert den Blutaustritt in den verletzten Bereich. Zuvor kann der geschädigte Bereich mit entzündungshemmenden Salben eingecremt werden. Anschließend legt man von distal (körperfern) nach proximal (körpernah) elastische Binden an, die den Muskel aber nicht abschnüren dürfen.

Der Muskel wird ruhig gestellt und *h*och gelagert. Dadurch wird der Blutrückfluss erleichtert und eine größere Blutansammlung im verletzten Gewebe verhindert.

Eisanwendungen bei Sportverletzungen sind etabliert, obwohl über die physiologische Wirkung kein Konsens besteht. In der Tat wird der Schmerz durch Kühlung gehemmt oder sogar ausgeschaltet. Schmerzen sind nicht negativ zu bewerten, sie sind Alarmzeichen. Der Körper zeigt uns an, dass etwas nicht in Ordnung ist und veranlasst z. B. die Schonung des verletzten Bereichs.

Für die Regeneration und Wundheilung haben länger andauernde Eisbehandlungen keine positive Wirkung. Zur Behandlung von Ödemen ist von der Eisanwendung eher abzuraten. Denn die Wundheilung im Organismus wird durch die Eistherapie gehemmt. Es ist normal und notwendig, dass ein verletztes Gewebe eine Entzündungsreaktion zeigt, wobei sich die Gewebetemperatur natürlich erhöht. Eine künstliche Kühlung, besonders mit Kühlsprays, ist für die Behandlung von Sportverletzungen nicht immer anzuraten.

Obwohl die Eistherapie auch in der Rehabilitationsphase durchgeführt wird, sind die positiven Effekte nicht bestätigt. Als Akutbehandlung bei Verletzungen scheint sie durchaus angemessen, insbesondere dann, wenn sie nach der P.E.C.H.-Regel in Kombination mit Kompression und Hochlagerung erfolgt. Aber für Maßnahmen, welche die Wundheilung betreffen, eignet sich die Eistherapie eher nicht, es

ist sogar Vorsicht ist geboten. Wenn überhaupt, dann dürfen Eismassagen auf keinen Fall länger als eine Minute andauern. Solche Maßnahmen regen anschließend die Durchblutung im betreffenden Gewebe an.

ENTZÜNDUNG DER SEHNENSCHEIDE

Die Sehnenscheide ist eine flüssigkeitsgefüllte Schleimhautgleitröhre, in der die Sehne verläuft. Sie befindet sich dort, wo eine Sehne in ihrer Verlaufsrichtung abgelenkt wird oder unmittelbar dem Knochen anliegt. Nach Überbelastungen oder durch äußere Einflüsse (Tritt gegen die Sehne) kann es zur schmerzhaften Sehnenscheidenentzündung kommen. Sowohl bei Bewegungen als auch bei Druck auf die Sehne treten Schmerzen auf. Wird die Sehnenscheidenentzündung nicht ordentlich behandelt, besteht die Gefahr, dass sich eine chronische Entzündung entwickelt. Folglich muss bei auftretenden Symptomen möglichst rasch eine therapeutische Anwendung begonnen werden.

Maßnahmen

Liegt eine Sehnenscheidenentzündung vor, gilt es die betroffene Region zu schonen und die Zugspannung der Sehne zu entlasten. Als Erstes wird der schmerzende Bereich kurz gekühlt, und anschließend wird eine entzündungshemmende Salbe aufgetragen (Salbenverband). Zudem sollte die Zugspannung auf die Sehne durch ein Beweglichkeitstraining mit dem PI-Effekt reduziert werden. Nach der Erstversorgung empfiehlt sich eine zeitlich begrenzte Ruhigstellung (Schonung), also eine Trainings- und Wettkampfpause. Diese sollte aber nicht dazu führen, dass die Muskulatur sich abschwächt.

Die *Achillessehne* entzündet sich durch eine Gewalteinwirkung (Tritt) vom Gegenspieler oder durch eine Fußfehlstellung (Knickfuß). Auch ein Bluterguss oder eine Narbe kann die Sehnenscheidenentzündung verursachen. Man ertastet sie, indem man die Sehne zwischen Daumen und Zeigefinger nimmt und den Fuß bewegen lässt. Manchmal nimmt der Verletzte bei der Bewegung ein Knirschen wahr.

Patellasehnenreizungen und Schmerzen an der Kniescheibenspitze (Patellaspitzensyndrom) treten durch Überbelastungen auf, z. B. wenn viel auf hartem Boden (z. B. Kunstrasen, Tartanplatz) trainiert wurde. Schlägt die Ferse wiederholt fest auf dem Boden auf, wird die Patellasehne ebenfalls gereizt. Auch ein Schlag gegen oder der Sturz auf das Knie kann eine Entzündung auslösen. Der Sehnenbereich ist wegen der Entzündung angeschwollen und reagiert auf Druck schmerzhaft.

Als Maßnahme eignet sich u. a. die Stoßwellentherapie, bei der Schallwellen mit hoher Energie in das menschliche Gewebe eingekoppelt werden. In diesem Bereich reagiert der Körper mit einer erhöhten Stoffwechseltätigkeit, weshalb sich Heilungsprozesse beschleunigen. Es empfiehlt sich, zusätzlich zu den oben ausgeführten Maßnahmen, muskuläre Dysbalancen abzubauen. Dazu haben sich folgende drei Schritte in der nachfolgenden beschriebenen Reihenfolge bewährt (diese Schritte eignen sich jedoch nicht als Sofortmaßnahmen, sondern sind nach dem Abklingen der Entzündung anzugehen):

1. Beweglichkeitstraining des Quadrizeps (M. rectus femoris, M. intermedius) und der Ischiocruralen Muskelgruppe mit dem PI-Effekt.
2. Kräftigung der Ischiocruralen Muskelgruppe, die im Verhältnis zum Quadrizeps häufig zu schwach ist.
3. Kräftigung des inneren Anteils des Quadrizeps (M. vastus medialis).

Bei Schmerzen vor bzw. unterhalb der Kniescheibe kann auch eine Schleimbeutelentzündung vorliegen. Die Region ist teilweise überwärmt, einhergehend mit einer starken Rötung und einer flüssigen Anschwellung.

BEWEGUNGSSTEUERUNG – NERVENSYSTEM

Ein Muskel kann nicht nachdenken, er entscheidet nicht selbst. Vergleichbar einem Auto, das nicht einfach losfährt, sondern erst, wenn der Starter betätigt und Gas gegeben wird, ist auch der Muskel auf Signale angewiesen. Am Beginn einer Bewegung muss ein Impuls von den menschlichen Entscheidungsinstanzen, dem Gehirn und Rückenmark ausgehen. Daraufhin kontrahiert oder entspannt sich der Muskel.

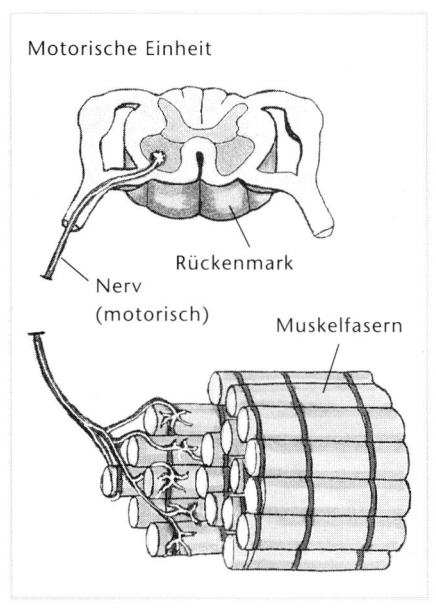

Motorische Einheit

Rückenmark

Nerv (motorisch)

Muskelfasern

Sportliche Bewegungen und das Beweglichkeitstraining unterliegen dem willkürlichen (somatischen) Nervensystem. Im Zentralnervensystem sitzen mehrere Millionen Nervenzellen. Die Hauptleitung der Nervenzelle ist das Axon (Neurit), von der jede Nervenzelle nur über eines verfügt. Aufgrund der vielen Neben«arme» (Dendriten) steht eine Nervenzelle mit zahlreichen anderen Nervenzellen in Verbindung. Ständig tauschen die Nervenzellen wechselseitig Informationen aus. Dabei gibt es anregende Impulse, die zum Beispiel veranlassen, dass ein Muskel zuckt, aber auch hemmende, die dafür verantwortlich sind, dass ein Muskel nicht aktiv wird.

DIE NERVÖSE STEUERUNG DER MUSKULATUR

Die einzelnen Muskelfasern werden über Nervenleitungen angeregt. A-α-Motoneuronen innervieren die Skelettmuskulatur. Sie können Impulse rasch weiterleiten. Am Übergang vom Motoneuron zur Muskelfaser befindet sich die motorische Endplatte. Hier findet die Erregungsübertragung statt. Der Überträger (Transmitter), der den eingehenden nervösen Reiz auf die Muskelfaser weiterleitet, ist das Azetylcholin.

Wenn ein Reiz für eine Muskelaktion zu schwach ist, kommt es nicht zur Auslösung eines Aktionspotentials (Muskelverkürzung). Obwohl nun der Impuls von einer Nervenendigung nicht für eine Reaktion ausreicht, also nicht überschwellig ist, kann es durch Summation (räumliche oder zeitliche Bahnung) trotzdem zur Weiterleitung von Signalen kommen. Bei der *räumlichen Bahnung* werden Signale von mehreren gleichzeitig eingehenden Impulsen in einer Nervenzelle addiert. Die Summe dieser Anregungen reicht aus, sodass eine Reaktion (Aktionspotenzial) ausgelöst wird.

Eine andere Weise, wie es trotz unterschwelliger Reize doch zu einer Reaktion kommen kann, ist die *zeitliche Bahnung*. Innerhalb von sehr kurzen Zeitabständen gehen mehrere unterschwellige Reize ein. Jedes Signal für sich allein würde ohne Wirkung bleiben. Erst durch die Verknüpfung dieser kleineren Signale reicht die Intensität aus, sodass auch so eine Reaktion (Aktionspotenzial) ausgelöst wird. Allerdings können sowohl erregende als auch hemmende Impulse weitergegeben werden.

Für Bewegung wie Beweglichkeit ist die richtige Bewegungssteuerung wesentlich. Bei kraftvollen Schritten müssen viele Muskelfasern gleichzeitig innerviert werden, damit sie zusammenwirken können. Die antagonistische Muskulatur sollte eher gehemmt sein, da sie sonst die Bewegung blockiert. Ebenso verhält es sich mit der Beweglichkeit. Soll sich ein Gelenk strecken, dürfen nicht die Beuger aktiviert sein. Sonst ist der Muskel in sich verspannt, die Beweglichkeit ist eingeschränkt.

Damit eine Muskeltätigkeit erfolgt, muss immer ein so genannter Schwellenwert überschritten werden. Es gilt die «Alles-oder-nichts-Regel». Wird die Schwelle unterschritten, erfolgt keine Reizweiterleitung, der Muskel bringt keine Kraft auf. Wird die Schwelle überschritten, wird ein Aktionspotenzial ausgelöst, das immer in einem bestimmten gleichen Muster abläuft. Am Ende dieser Erregungsweiterleitung reagiert der Muskel. Er verkürzt sich und kann dabei Kraft aufbringen.

Der PI-Effekt ist Ergebnis der Feinabstimmung (intra- und intermuskuläre Koordination) zwischen der zusammenwirkenden (Synergisten und Agonist) und entgegenwirkenden (Antagonist) Muskulatur.

Der PI-Effekt ist abhängig von der Intensität des auslösenden Reizes. Eine bessere intramuskuläre Koordination erfolg nur, wenn der auslösende Reiz mehrere motorische Einheiten erreicht.

Zusammenfassung

Ein Muskel «verkürzt» sich nicht von selbst. Jede Muskelverkürzung hat eine auslösende Ursache. Sie ist also abhängig von Steuerungsmechanismen (z. B. Gehirn) und Innervationsimpulsen (z. B. Reizen). Alle «Muskelverkürzungen» sind Symptome eines ausgelösten Erregungsreizes und stehen in Abhängigkeit von Reflexmechanismen, deren Zentren in Gehirn und Rückenmark liegen.

FUNKTION DER MUSKEL-SPINDEL

Die Dehntechnik des Stretchings basiert auf den Theorien über die Funktionsweisen der Muskelspindeln. Beim Stretching wird, im Gegensatz zu der Schwunggymnastik, die Dehnposition langsam eingenommen und gehalten. Eine mit hoher Geschwindigkeit durchgeführte Dehnung registrieren die Muskelspindeln. Der Muskel wird durch einen Mechanismus vor einer Verletzung oder sogar dem Zerreißen geschützt. Wird eine ruckartige Bewegung von den Messorganen der Muskulatur, den Muskelspindeln, gemeldet, verhindert eine reflektorische Kontraktion das Zerreißen der Muskulatur. Je-

doch bewirkt genau dieses reflexartige Zusammenziehen auch, dass der Muskel anschließend nicht weiter gedehnt werden kann. Bei sanften Dehnungen wird diese Schutzreaktion überflüssig. Es wird folglich kein Dehnreflex verursacht und die Muskulatur kann effektiv gedehnt werden. Zudem ist die Muskelspindel über das Rückenmark nervös mit der antagonistischen Muskulatur verbunden, die den Dehnvorgang unterstützt, indem sie sich zusammenzieht. Auf diese Weise wirkt die gegenüberliegende Muskulatur (Agonist und Antagonist) optimal zusammen. Muskelverletzungen soll diese Dehnmethode nahezu ausschließen.

Anmerkung

Auch beim Beweglichkeitstraining mit dem PI-Effekt geht der Übende langsam in die Dehnposition, um Verletzungen zu vermeiden.

Lange Zeit galt die Muskelspindel als das regulierende und alles entscheidende Sinnesorgan, welches eine funktionale Dehnung ermöglicht oder durch Schutzhemmung blockiert. Aus diesem Grund wird die Funktion der Spindeln hier thematisiert. Auch um die Weiterentwicklung deutlich zu machen. Denn das Beweglichkeitstraining mit dem PI-Effekt reduziert die Bedeutung der Spindeln. Trotzdem übernehmen die Spindeln wichtige Aufgaben.

Nur aufgrund ihrer Funktion bleibt der menschliche Körper in einer aufrechten Körperposition, weil ständig die zur Bewegung oder Stabilisation beitragende (agonistische) Muskulatur aktiviert und entgegenwirkende (antagonistische) Muskulatur gehemmt wird.

Die Rezeptoren im Muskel und in der Sehne nennt man Propriozeptoren. Sie informieren das Zentralnervensystem (ZNS) über Bewegungsabläufe, Muskelspannungen und Gelenkstellungen. Die Muskelspindel liegt im Muskel und lagert parallel zu den Muskelfasern. Sie besteht aus wenigen, dünnen und kürzeren Muskelfasern, die in einer spindelförmigen Bindegewebshülle eingeschlossen sind, aber keine Muskelarbeit verrichten. Nur die Endabschnitte der Muskelspindel sind kontraktil. Im nicht zusammenziehbaren Mittelstück befindet sich der dehnungsempfindliche Rezeptor. Verkürzt oder entspannt sich der Muskel, werden die Enden der Muskelspindel mit gedehnt oder mit entspannt. Dadurch misst sie die Länge des Muskels. Diese Information leitet die I-α-Nervenfaser an das Rückenmark weiter. Dort werden die eintreffenden Informationen aufgenommen und gegebenenfalls an die efferent leitende A-α-Nervenfaser weitergeleitet, die mit dem Muskel verbunden ist. Deswegen löst eine Zunahme der Spindelzugbelastung eine Spindelerregung aus, die über den Reflexweg die Muskulatur zur Schutzkontraktion veranlasst.

Gleichzeitig kontrolliert die Muskelspindel über den Dehnungsreflex die Längenkonstanz des Muskels. Durch die synaptischen Verschaltungen wird bei Körperschwankungen eine verstärkte Kontraktion des Skelettmuskels bewirkt, in dem sich die Muskelspindel befindet. Die antagonistische Muskulatur wird di-(bzw. poly-)synaptisch gehemmt, sodass sich die Muskulatur entspannt.

Am Übergang vom Muskel zur Sehne befinden sich das Golgi-Sehnenorgan. Aufgrund der Golgi-Rezeptoren ist es möglich, Längenänderungen der Muskulatur zu messen. Diese spannungsempfindlichen Fühler registrieren sowohl eine passive Dehnung als auch die Kontraktion des Muskels bei Belastung. Während die Muskelspindel ständig Rückmeldungen über die Muskelspannung weiterleitet, reagiert das Golgi-Sehnenorgan nur auf passive und aktive Zugbelastungen. Sind diese zu hoch, sorgen sie für eine geringere Spannungsentwicklung im betreffenden Muskel, indem die aktivierenden A-α-Motoneurone gehemmt werden. Die Golgi-Sehnenorgane schützen deswegen den Muskel durch ihre «bremsende Wirkung» vor Schädigungen, was erklärt, dass die Golgi-Rezeptoren erst bei starker passiver Dehnung oder

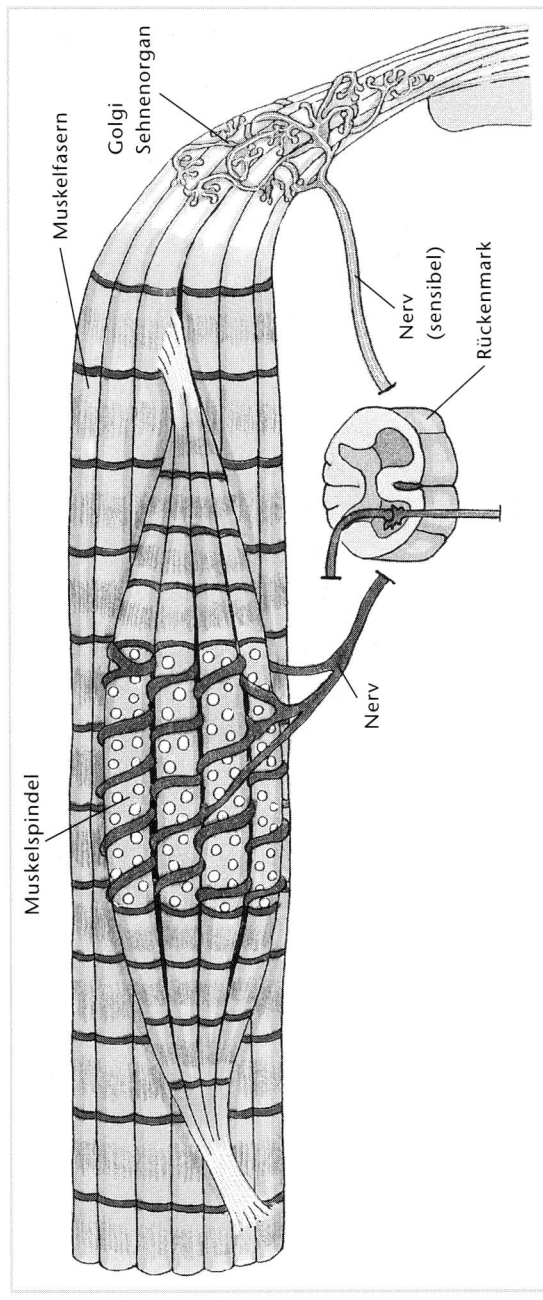

Muskelspindel / Dehnungsreflex

starken Kontraktionen (Muskelverkürzungen) einsetzen.

Anmerkung

Das postisometrische Dehnen des PI-Effekts wirkt gemeinsam mit der spannungshemmenden Funktion des Golgi-Sehnenorgans. Allerdings wird die Hauptursache für verbesserte Beweglichkeit nicht dem Golgi-Sehnenorgan, sondern einer verbesserten inter- und intramuskulären Koordination zugeschrieben. Da die Aktivität der A-α-Motoneurone jedoch reduziert wird, sinkt durch die Wirkungsweise des Golgi-Sehnenorgans die Verletzungsgefahr der Muskelfasern, denn es muss nicht gegen eine bestehende Kontraktion «gedehnt werden». Auch dieser Prozess stellt eine zusätzliche Verbesserung der intramuskulären Koordination dar.

Es kann auch davon ausgegangen werden, dass bei zunehmenden Dehnpositionen die Muskel- und Sehnenspindel Reflexmechanismen auslösen, welche die antagonistische Muskulatur hemmen. Durch den nachlassenden Widerstand (Erregung) verbessert sich auch die Beweglichkeit.

MUSKELTONUS

Jeder Muskel befindet sich in einem aktuellen Spannungszustand, denn er versucht stets eine optimale Überlappung von Aktin und Myosin sicherzustellen. In Ruhe nennt man die neuromuskuläre Aktivierung «Ruhetonus». Dieser wird von Eigenreflexen und Dehnungsreflexen mit bestimmt. Je nach Körperhaltung ändert sich der Muskeltonus, der von den Muskelspindeln geregelt wird.

Als Indikator für die Wirksamkeit des Dehnens und Stretchings wird immer wieder der Muskeltonus genannt. Setzt man einen Muskel unter Zugspannung, verändert sich der Muskeltonus. Damit, so vermutet man, ändert sich auch die Kontraktionskraft der Muskulatur. Die sportliche Leistungsfähigkeit steht demnach in Abhängigkeit von der neuromuskulären Aktivierung. Ob zum Positiven oder Negativen, scheint offen, denn nach wie vor mangelt es an einer genauen Definition, was der Muskeltonus ist –

«Muskeltonus»

passiv	aktiv	Reflexe	nervös
– Bindegewebe – Sehne	– Myosin-Aktin-Titin-Verbindung	– Muskel – Sehne	– Innervierung – Hemmung – Summation
Ab welcher Gelenkstellung baut sich der Dehnwiderstand auf?	Wann baut das Strukturprotein Titin eine messbare Spannung auf?	Welche Eigen- und Fremdreflexe wirken auf den Muskel ein?	Welches inter- und intramuskuläre Zusammenspiel stabilisiert oder blockiert den Muskel?

sicherlich nicht die tastbare Muskelhärte.

Immer wieder wird allerdings vermittelt, dass das Stretching den Muskeltonus vermindert. Diese Tonussenkung sei bei einer nachfolgenden sportlichen Betätigung für den Leistungsabfall verantwortlich. Um solche Behauptungen nachzuprüfen, ist die qualitative Zuordnung bzw. Definition des Muskeltonus entscheidend.

Verändert sich dabei:

- die Elastizität der Muskelhülle oder Sehne?
- die Verbindung zwischen Myosin, Aktin und / oder Titin?
- die Muskelspannung, weil ein Muskel- oder Sehnenreflex ausgelöst wurde?
- die Häufigkeit der eingehenden nervösen Impulse?

Will man den Muskeltonus ohne aufwändige Apparatur messen, überprüft man die entspannte Muskulatur beim Übenden durch den Dehnungswiderstand, indem die Gelenke passiv bewegt werden. Zum Beispiel wird ein Bein im Hüftgelenk gebeugt, ohne dass dabei der Übende mitmacht. Je nachdem, ob sich das Gelenk leicht oder schwer bewegen lässt, kann man Rückschlüsse ziehen.

Doch welche Spannung misst der Muskeltonus?

Wie das Schaubild aufzeigt, kann man nicht einfach sagen, eine Spannungsänderung ist positiv oder negativ. Entscheidend ist sowohl die Ursache für die Grundspannung als auch die Ursache für die Spannungsänderung. Dementsprechend muss bei einer Muskeltonusveränderung überprüft werden, weshalb sich der Muskeltonus verändert hat bzw. welche Veränderung überhaupt gemessen wurde? Erst danach kann man mit großer Wahrscheinlichkeit sagen, dass sich die Verletzungsgefahr verringert oder erhöht hat. Ein zweiter Schritt, der nur im Anschluss an die Muskeltonusanalyse stichhaltig geprüft werden kann, klärt die Frage, ob Dehnmaßnahmen die muskuläre Leistungsfähigkeit verbessern oder nicht.

Zugspannungen (z. B. bei Dehnvorgängen) wirken auf die Muskelfaser wie folgt: Wird der Bewegungsapparat Dehnübungen ausgesetzt, dann wirken Zugkräfte nicht direkt auf die Muskelfibrillen. Zuerst werden Zugkräfte auf die Sehnen und die kollagenhaltige Faserhülle übertragen, bevor sie die Mikrofibrillen und Muskelfilamente erreichen können.

Werden Widerstände und Zugspannungen gedeutet, muss man deshalb unterscheiden und prüfen, ob sie von eher passiven Strukturen (Sehnen und Faszien) oder vom Muskel selbst her bedingt sind. Die Elastizität des Titinfilaments stellt eine wesentliche Quelle der Ruhespannung dar.

MUSKELSPANNUNG MIT DER ELEKTROMYOGRAPHIE MESSEN

Die Gelenkbeweglichkeit wird zum einen durch den Dehnungswiderstand der passiven Strukturen, also von Knochen, Knorpel, Gelenkform, Bändern, Sehnen, Faszien und Kapsel begrenzt. Zum anderen ist die muskuläre Entspannungsfähigkeit beziehungsweise sind die muskulären Verspannungen für das Bewegungsausmaß verantwortlich.

Aktive und passive Strukturen schützen gemeinsam den Muskel und das Gelenk vor Verletzungen. Der Dehnungsgrad von einem Gelenk ist folglich abhängig von einer passiven Komponente und einer aktiven. Muskelspannungen, die durch Kontraktion bedingt sind, nennt man auch (Muskel-)Tonus. Spannungszustände im Muskel werden zentralnervös gesteuert, wobei die Muskelspindel eine bedeutende Rolle spielt. Diese Muskelerregungen, also die von der aktiven Muskulatur ausgelösten Spannungszustände, lassen sich mit der Elektromyographie bestimmen.

Bei der Elektromyographie werden die Aktionspotenziale der Muskeln erfasst und dargestellt (Elektrogramm). Durch die Ableitung der nervösen Erregung gelingt es, Veränderungen zu messen.

Beim Krafttraining kann dadurch z. B. nachgewiesen werden, warum die eine Übung effektiver als die andere ist. Aufgrund solcher Erkenntnisse kann das Krafttraining optimiert werden. Auf der Basis der elektromyographischen Messung werden Ranglisten aufgestellt, um effektive und weniger intensive Übungen unterscheiden zu können. Der Praxisteil (S. 185 ff) greift diese Analysen auf.

Zum Abbau von muskulären Dysbalancen oder zur Stabilisation wurden Übungsvarianten gewählt, bei denen sich aufgrund der elektromyographischen Messung ein besonders intensives Krafttraining nachweisen ließ. Zu beachten ist, dass Intensität alleine kein ausreichendes Gütekriterium ist. Denn anspruchsvolle Übungsformen können im Anfängerbereich und während der Rehabilitation zu anstrengend sein. Dieses Buch möchte aufzeigen, wie bereits im Vorfeld Verletzungen vermieden werden können, indem man Gelenke stabilisiert. Dazu sind intensive Kräftigungsübungen wichtig. Unter diesem Gesichtspunkt sind die Ergebnisse der Elektromyographie ein großer Gewinn.

Wenn die Gelenkbeweglichkeit auffällig hoch oder niedrig ist, kann mittels der Elektromyographie nachgewiesen werden, ob eine Spastik oder

Lähmung vorliegt. Vor allem in der medizinischen Diagnostik werden damit Aussagen hilfreich belegt.

Daneben lässt sich vermehrt feststellen, ob die eingeschränkte Beweglichkeit vom Muskel her bedingt ist oder nicht. Ist die Muskelaktivität sehr hoch, können Verspannungen Ursache für die unzureichende Beweglichkeit sein. Dann ist das Training mit dem PI-Effekt ein guter Lösungsansatz. Liegt eine schlechte Beweglichkeit vor, ohne diese Muskelverspannung nachweisen zu können, ist entweder die Messung in den betreffenden Bereichen nicht gut genug gelungen oder man muss eben nach anderen Ursachen suchen. Es ist in der Tat nicht einfach, einzelne Muskelfasern oder sogar Muskelfibrillen, die in der Tiefe der Muskulatur liegen, zu messen. Denn die anderen Muskelfasern senden ständig ebenfalls Signale aus, sodass zwar Spannungen und Verspannungen gemessen, aber manchmal nicht exakt bzw. aussagekräftig interpretiert werden können.

Wenn ein Muskel zum Verkrampfen neigt und sich immer wieder verletzt, kann durchaus der nervös bedingte, hohe Muskeltonus dafür verantwortlich sein. Obwohl sich die Symptome und sogar Verletzungen im Muskel bemerkbar machen, muss die Ursache trotzdem nicht im Muskel selbst liegen. Denn die Steuerung geht häufig von der Wirbelsäule aus.

Dazu zwei Beispiele:

1. Beispiel
Einige Fußballer gingen von einem Arzt zum anderen und wurden wegen ihrer Muskelprobleme am Muskel selbst behandelt. Durch Schonung und Therapie verbesserte sich ihr Zustand. Teilweise verschwanden alle Symptome. Doch jedes Mal, wenn sie wieder intensiv ins Training einstiegen, verletzten sie sich erneut.

In ihrer Not baten sie mich, sie zu untersuchen. In einigen Fällen konnte in wenigen Minuten eine deutlich Besserung, manchmal verbunden mit dem Wegfall aller Muskelverspannungen im Adduktoren- und gesamten Beinbereich, erzielt werden. Dies gelang häufig dann, wenn im Wirbelsäulenbereich, zumeist in LWS-Bereich, eine gravierende Verschiebung oder Dysbalancen vorlagen. Wurden diese gelöst, verschwanden die Symptome auch in der Muskulatur des Beines. Deswegen gehört zu einer gründlichen Untersuchung immer auch die Wirbelsäule dazu.

2. Beispiel
Verschiedene Spieler kamen, weil sie sich immer wieder an derselben Stelle, z. B. Oberschenkelrückseite, verletzten. In der Tat weist der Muskel, wenn man ihn passiv dehnt, eine stark eingeschränkte «Gelenkbeweglichkeit» auf.

Obwohl die Verletzung ganz ausgeheilt war, traten beim Wiedereintritt ins Training jedes Mal Probleme auf, die bei entsprechender Intensität zur erneuten Muskelverletzung führten. Die Ursache liegt also im Muskel selbst. Denn immer dort, wo eine Muskelverletzung war, bildet sich eine Narbe. Jedes Mal, wenn der betreffende Muskel aktiv wird, wirkt die Narbe wie Sand im Getriebe und scheuert im betreffendem Muskelbereich. Die Rezeptoren im Muskel bemerken diese Unebenheit. In einer Art Schutzreaktion verspannt die gesamte umliegende Muskelregion und schränkt dabei auch die Beweglichkeit des Gelenks, also die Gelenkbeweglichkeit ein. Wird trotzdem weiter belastet, kann es deswegen erneut zu Verletzungen kommen.

Lösung: Dort, wo sich der Muskel verletzte, ist die intramuskuläre Koordination gestört. Ich vermute, dass diese Muskelspannung auch mittels einer elektromyographischen Messung nachweisbar wäre. Deswegen muss, sobald die Verletzung verheilt ist, die intramuskuläre Koordination gezielt wiederhergestellt werden. Dies gelingt vorzüglich mit Beweglichkeitsübungen mit dem PI-Effekt. Bedenken Sie dabei, dass besonders in der Anfangszeit nach der Verletzung der Muskel dazu neigt, sich intramuskulär zu verspannen. Ich löse solche Verspannungen vor und, wenn sie auftreten, auch während des Trainings und sogar während des Spiels. Wenn keine unangenehmen Verspannungen zurückbleiben, trainiert oder spielt der betreffende Spieler nach dem Beweglichkeitstraining weiter. Noch nie ist anschließend eine Muskelverletzung aufgetreten! Nach ein paar Wochen sind die beschriebenen Symptome überwunden und meistens ganz verschwunden.

Beweglichkeitstraining als Verletzungsprophylaxe

Ziel des Beweglichkeitstrainings ist es, die Muskulatur auf Belastungen effektiv vorzubereiten, sodass keine Verletzung in der Belastungsphase (Training oder Wettkampf) auftreten. Ein Beweglichkeitstraining will die Gelenkreichweite nicht unbedingt bis zum Maximum ausreizen. Im Vordergrund steht zum einen das Lösen von Verspannungen, und zum anderen soll muskulären Dysbalancen entgegengewirkt werden, was in erster Linie als Verletzungsprophylaxe verstanden werden muss. Ist die Bein- oder Rückenmuskulatur verspannt oder verkürzt, verursachen diese Beweglichkeitsdefizite häufig Rückenschmerzen. Wenn sich durch muskuläre Dysbalancen die Bandscheiben verschieben und auf die austretenden Nerven drücken, wirkt sich dies wiederum in der Beinmuskulatur aus, obwohl die Ursache z. B. in der Lendenwirbelsäule zu suchen ist.

Ziele des Beweglichkeitstrainings sind, dass der Sportler

- sich am individuellen Leistungsoptimum bewegen kann, ohne sich dabei zu verletzen;
- muskuläre Verspannungen (Dysbalancen) im Trainingsprozess löst, bevor Verletzungen auftreten;
- bei auftretenden Muskelverspannungen geeignete Trainingsmaßnahmen ergreifen kann, ohne währenddessen ein besonderes Verletzungsrisiko einzugehen.

Trainingsempfehlungen orientieren sich deshalb auch nicht am beliebig definierten Bewegungsausmaß, sondern an den naturwissenschaftlichen Erkenntnissen der Biologie, Physiologie, Medizin, Physik und Neurophysiologie. Diese naturwissenschaftlichen Einsichten sind Grundlage für die menschliche Bewegung. Sie sind innerhalb der Trainingslehre gewinnbringend auszuwerten und in der Praxis umzusetzen. Wesentliche Gesetze findet man in der Mikrowelt des menschlichen Organismus. Wirkung durch das Beweglichkeitstraining erzielt man nur, wenn dabei ganzheitliche Zusammenhänge berücksichtigt werden.

Kalte oder aufgewärmte Muskulatur

Muskuläre Dysbalancen

Koordinative Fähigkeiten

Psyche
Freude/Angst

Muskelfasertyp/
Genetik

**Verletzungsprophylaxe
und Beweglichkeit**

Mentale
Fähigkeiten

Alter/
Geschlecht

Endogene und exogene
Faktoren

Funktionale Aspekte/
Struktur des Gelenks

Trainingsplanung

Die Funktionen der Muskelzelle und die funktionale Steuerung des Zentralnervensystems weisen gemeinsam den Weg zur effektiven Verletzungsprophylaxe.

EINFLUSSFAKTOREN AUF DIE VORBEUGUNG VON VERLETZUNGEN

Sollen Muskelverletzungen vermieden werden, spielen weitere Aspekte eine Rolle, z. B. die Genetik, das Alter, das Geschlecht, die Witterung, die Ernährung, der Trainingszustand und die persönliche Lebenssituation.

Manche Übungen für die Beweglichkeit kann man durchaus im unaufgewärmten Zustand durchführen. Wenn der Boden nass und teilweise schlammig ist oder die Außentemperatur extrem niedrig, können Beweglichkeitsübungen mit dem PI-Effekt bereits in der Kabine durchgeführt werden. Im Fußballtraining sollte das nicht der Normalfall sein.

Besonders im oberen Leistungsbereich habe ich Spieler, die über Muskelverhärtungen klagten oder in einer Muskelregion Verspannungen hatten, mit dem Beweglichkeitstraining mittels der PI-Technik vorbereitet. Bei Spielern, bei denen die Muskulatur verhärtet ist, oder nach überwundenen Muskelverletzungen, ist das Lösen von Verspannungen und das individuelle Beweglichkeitstraining eine eigene, wertvolle, manchmal sogar unersetzbare Trainingseinheit. Einige Fußballer konnten sich davor nicht vorstellen, zu trainieren oder gar in den Wettkampf einzugreifen. Nach dem Training fühlten sie sich jedoch dann so wohl, dass sie das eigentliche Aufwärmen und die Spielvorbereitung in Angriff nehmen konnten. Sie können sicher sein, wenn eine Muskel*verletzung* vorliegt, lässt sich diese beim Beweglichkeitstraining mit dem PI-Effekt weder lösen noch verbergen. Es erfolgt bei der (sanften) isometrischen Anspannung eine reflektorische Rückmeldung, dass eine Verletzung existiert. Der Spieler darf den Muskel folglich nicht belasten, er darf also weder am Mannschaftstraining noch am Spiel teilnehmen.

Im gegenseitigen Einvernehmen, wenn Trainer und Spieler keine Bedenken haben, ist ein Training bzw. Spiel möglich. In den vergangen Jahren verletzte sich bei dieser Vorgehensweise anschließend nicht ein einziges Mal ein Spieler an der Muskulatur.

DAS AUFWÄRMEN DER MUSKULATUR

Neuere Erkenntnisse über die Beweglichkeit könnten zum Missverständnis führen, gewissenhaftes Aufwärmen sei nicht mehr notwendig, um Verletzungen zu vermeiden. Das ist ein Irrtum. Durch das Aufwärmen wird der Muskel auf nachfolgende Belastungen der Trainingseinheit oder des Wettkampfs vorbereitet. Wird nicht aufgewärmt, kann sich der Muskel bei schnell kräftigen Aktionen leicht verletzen. Richtiges Aufwärmen erhöht die Muskeltemperatur, steigert die Muskeldurchblutung und die Stoffwechselprozesse. Dabei verbessert sich die Viskosität im Muskel-Faszien-Sehnen-System. Die Bindegewebsstrukturen der Muskulatur, die Bänder und Sehnen werden mobilisiert. Gleichzeitig verbessert sich die nervöse Steuerung. Nervenimpulse erreichen schneller die Muskeln sowie die Muskelspindeln. Aufwärmen führt zur Verbesserung der intra- und intermuskulären Koordination, was die Gefahr von Muskelverletzungen erheblich herabsetzt. Solche günstigen Effekte erzielt der Fußballer nur beim aktiven Aufwärmen, z. B. durch Warmlaufen. Passives Aufwärmen durch Massagen oder Wärmebehandlung (z. B. Öl, Salben) bringt zwar auch eine Mehrdurchblutung, häufig findet diese nur oberflächlich in der Haut statt. Im schlimmsten Fall führen diese Methoden sogar dazu, dass der Muskulatur Blut entzogen wird, weil dafür die Hautgefäße mehr durchblutet werden. Mit Sicherheit fehlt der Muskulatur das notwendige «neuromuskuläre Aufwärmen». Ein Aufwärmen ohne Bewegungsreize und ein Beweglichkeitstraining, bei dem der PI-Effekt nicht abgerufen wird, optimiert das Nerv-Muskel-Zusammenspiel nicht ausreichend. Deswegen sollten 15–45 Minuten für das Aufwärmen und Beweglichkeitstraining eingeplant werden.

Ziele des Aufwärmens

- Aktivierung des Herz-Kreislauf-Systems.
- Spezielle Vorbereitung der Muskulatur auf die nachfolgende Belastung.
- Verbesserung des Nerv-Muskel-Zusammenspiels (Koordination).
- Verletzungsprophylaxe.
- Mentale und psychischen Einstimmung.

Eine «beiläufige» Funktion des Aufwärmens darf nicht unterschätzt werden. Die Aktivierung des Herz-Kreislauf-Systems verbessert die Sauerstoffversorgung des Blutes und damit auch die Versorgung der Muskeln und des Gehirns mit sauerstoffreichem Blut. Es steigert sich die Aufmerksamkeit der Spieler. Zum einen kann diese Konzentrationsleistung zum sportlichen Erfolg beitragen, denn sie registrieren

mehr. Des Weiteren sind diese Spieler «wacher» und können in Gefahrensituationen angemessen reagieren. Durch die erhöhte Aufmerksamkeit springen sie hoch, wenn ein Gegenspieler von der Seite grätscht, oder sie weichen einem Ellbogen rechtzeitig aus.

Individuelles Aufwärmen muss dann erfolgen, wenn es zu einer Verletzung in der jüngeren Vergangenheit gekommen ist. Denn nach einer Muskelverletzung bleiben Vernarbungen im Muskelgewebe zurück. Diese verursachen besonders in den nach der Verletzung folgenden Wochen reflektorisch ein verstärktes Verkrampfen der Muskulatur in der zuvor verletzten Region. Beweglichkeitsübungen mit dem PI-Effekt sind bei solchen Symptomen in der Regel sehr effektiv. Ebenso sollte nach Operationen die nachfolgende Belastung, am besten in Rücksprache mit dem behandelnden Arzt oder Physiotherapeuten, gezielt vorbereitet werden.

TRAININGSVORAUSSETZUNGEN
TRAININGSPLANUNG

In den frühen Morgenstunden sind für das Training wesentliche Stoffwechselprozesse noch nicht voll aktiviert. Deswegen steigert man die Belastung bei Trainingseinheiten am frühen Morgen langsamer und vermeidet Sprints. Im

Trainingslager, wo teilweise drei und mehr Einheiten am Tag durchgeführt werden, sollte die erste Einheit vor dem und nicht nach einem üppigen Frühstück erfolgen, weil sonst Verdauungsvorgänge den Stoffwechsel in der Muskulatur ungünstig beeinflussen.

ALTER UND GESCHLECHT

Im fortschreitenden Alter nimmt naturgemäß die Elastizität des Gewebes ab. Insbesondere vor schnellkräftigen Aktionen muss bei älteren Sportlern das Aufwärmen länger andauern als im Alter zwischen 16 und 25 Jahren. Frühere Annahmen, dass die Beweglichkeit höchstens bis zur Pubertät lohnend trainierbar sei, sind veraltet. Mit der Methode des Beweglichkeitstrainings mit dem PI-Effekt kann man bis ins hohe Alter effektiv die Beweglichkeit verbessern, denn die Beweglichkeit wird weniger von Gewebe und Muskelzellen als von neurophysiologischen Faktoren bestimmt.

Bei Männern und Frauen unterscheiden sich die prozentualen Anteile der Muskelmasse, der Körperbau und hormonelle Einflüsse. Beweglichkeitsübungen sind deswegen mit unterschiedlichen Gelenkwinkeln normal. Frauen können zum Beispiel in Rückenlage das gestreckte Bein gewöhnlich deutlich mehr zum Oberkörper hin beugen als Männer.

MUSKULÄRE DYSBALANCEN

Die verschiedenen Muskeln und Muskelfasertypen neigen unterschiedlich stark zum Abschwächen beziehungsweise zum «Verkürzen». Im optimalen Zustand wirken die Kräfte von Agonisten und Antagonisten gleichmäßig auf das Gelenk ein, sodass eine gute Druckverteilung auf die Gelenkflächen gewährleistet ist.

Jedes Training, aber auch jede Ruhigstellung wirken sich auf die Muskulatur und damit auch auf die Beweglichkeit des Gelenks aus. Gleichzeitig zieht eine einseitige Veränderung der Muskulatur, sei es, dass diese gekräftigt wurde oder sich «verkürzte», eine gewisse Positionsverlagerung des Gelenks und eine veränderte Belastung des Knorpels nach sich. Deswegen entwickeln sich beim Fußball «natürliche», sportartspezifische Schwachstellen, so genannte muskuläre Dysbalancen. Sie führen zur Einschränkung der Gelenkbeweglichkeit. Werden muskuläre Ungleichgewichte nicht abgebaut, bestehen für Muskeln wie Gelenke gesteigerte Verletzungsgefahren.

ENDOGENE UND EXOGENE FAKTOREN

Körpergröße und Körpergewicht sind für verschiedene Bewegungsabläufe von Vor- oder Nachteil. Kleine (endogener Faktor), wendige Spieler leiden aufgrund besserer Hebelverhältnisse seltener unter Rückenproblemen. Dafür sind sie häufiger nur durch Fouls (exogener Faktor) zu bremsen, was häufig zu Verletzungen im Beinbereich führt. Groß (endogener Faktor) gewachsene Spieler sind bei hohen Bällen zumeist überlegen, sie leiden aber signifikant häufig unter Rückenschmerzen.

Genetisch determinierte endogene Faktoren bestimmen die individuelle Anfälligkeit für (Muskel-)Verletzungen. Körperbaulich bedingte Risiken für den Muskel sind zeitlich überdauernd. Fußballer ermüden bei der gleichen Belastung unterschiedlich schnell. Ebenso ist die Regenerationsfähigkeit individuell unterschiedlich lang.

Exogene Faktoren dagegen sind kurzfristige Einflüsse, die auf den aktiven und passiven Bewegungsapparat wirken. Während endogen verursachte Schwachstellen analysiert und das Verletzungsrisiko durch entsprechende Trainingsmaßnahmen reduziert werden können, sind einige exogene Faktoren vom Fußballer nicht beeinflussbar, z. B. wenn der Gegner durch einen Tritt den Muskel verletzt. Ein gut passender Schuh gibt sicheren Halt und verhindert das Ausgleiten. Wird der Schuh jedoch mit langen Stollen bestückt, erhöht sich bei Drehbewegungen die Verletzungsgefahr für das Kniegelenk.

Auch die Tageszeit und die Außentemperatur haben Einfluss auf die Beweglichkeit.

PSYCHE UND STRESS

Stress oder Ängste wirken sich auf unseren Körper aus. Unter diesen Einflüssen verspannt sich manchmal die Muskulatur. Wenn der Trainierende die *PI-Technik* nicht kennt, kann es vorkommen, dass der Übende z. B. bei Partnerübungen blockiert. Es ist nichts Ungewöhnliches. Denn in der optimalen Dehnposition die Muskulatur kräftig isometrisch anzuspannen, ist nicht nur unbekannt, sondern auch mit Unsicherheiten verbunden. «Was passiert mit mir, wenn ich in dieser Position die Muskulatur anspanne?» Schließlich fehlt beim Trainierenden noch die positive Erfahrung. Erst nach dem Training kann wahrgenommen werden, dass diese Trainingsmethode ungefährlich ist, dass das Wohlbefinden und die Leistungsfähigkeit sich steigern und sich die Verletzungsgefahren deutlich reduzieren. Durch einen mangelhaften psycho-physiologischen Entspannungszustand kann es zu Funktionsminderungen kommen. Trainiert man trotz vorhandener Ängste die Beweglichkeit weiter, besteht ein gesteigertes Verletzungsrisiko. Deswegen darf man nicht mit Gewalt gegen solche Spannungszustände trainieren.

Es bewährt sich, mit der PI-Dehnmethode nicht am Optimum zu beginnen, sondern die Gelenkwinkelstellung etwas zu minimieren. Auch ist es sinnvoll, den Gegendruck beim PI-Effekt langsam zu intensivieren, damit Vertrauen aufgebaut wird.

Interessanterweise hat ein aggressiver Mensch eine höhere Muskelgrundspannung als eine depressiver. Emotionen können die gesamte Körpermuskelspannung erhöhen.

INTER- UND INTRAMUSKULÄRE KOORDINATION

Eine Ursache für die Flexibilitätsverbesserung ist die Kraftzunahme der antagonistischen Muskulatur. In Verbindung mit einem Synergismus der agonistischen Muskulatur entsteht eine verbesserte inter- und intramuskuläre Koordination, die sich in einer größeren Beweglichkeit bemerkbar macht.

Auch der PI-Effekt ist die Sichtbarwerdung einer verbesserten inter- und intramuskulären Koordination. Der Zugewinn an Beweglichkeit begründet sich mit der Optimierung der nervösen Muskelaussteuerung. Führt der Trainierende in der Dehnposition eine isometrische Anspannung aus, erfolgt eine nervös bedingte Reaktion. Muskelfaseranteile, die bisher verspannt waren, werden besser ausgesteuert (innerviert). Bei diesem Prozess werden kleine Muskelfaserverspannungen gelöst, das Nerv-Muskel-Zusammenspiel wird feiner abgestimmt, aufgrund dessen die Beweglichkeit sich verbessert.

«Verlängerte Muskeln» sind deswegen nicht tatsächlich länger, sondern Resultat der verbesserten inter- und intramuskulären Koordination. «Verkürzte Muskeln» weisen dementsprechend auch nicht eine Abnahme der funktionalen Muskellänge auf, sondern die geringere Bewegungsreichweite ist Ergebnis einer mangelhaften inter- und intramuskulären Koordination. (Mikro-)Verspannungen in der Muskulatur vermindern eben die Dehnfähigkeit.

STRUKTUR DES GELENKS

Gelenkformen und Bänder begrenzen die Bewegungsamplituden der Körperteile. Um die Stabilität der Gelenke nicht zu gefährden, sind Beweglichkeitsübungen über funktionale Grenzen hinaus nicht ratsam. Beim Beweglichkeitstraining bestimmt die anatomische Gelenkform und die Art und Weise, wie Muskeln verlaufen, die funktionellen Trainingsvorgaben. Dementsprechend muss ein Körperteil stabil gehalten (punktum fixum) oder bewegt (punktum mobile) werden.

Systematisch trainieren – richtig trainieren

Die vergangenen Jahre waren geprägt von der Funktionsgymnastik. Funktionale Aspekte führen, wie die tägliche Sportpraxis zeigt, nicht automatisch zur gewünschten Sicherheit, Verletzungen vermeiden zu können. Verantwortlich für weiterhin noch auftretende Muskelverletzungen ist die monokausale oder oligokausale Funktionalität bzw. die monokausalen oder oligokausalen Argumentationen, wie man richtig trainiert.

Unter «monokausal» versteht man die eindimensionale Begründung von Bewegungsanweisungen. Beispiel: Um die Oberschenkelvorderseite richtig zu dehnen, müssen Muskelursprung und -ansatz optimal voneinander entfernt werden, weil ein Muskel, dessen Enden angenähert sind, verkürzt ist und deshalb nicht korrekt gedehnt werden kann. Monokausale Hinweise führen zu richtigen Aussagen, aber nicht zwangsläufig zu ausreichenden Lösungen, um Muskelverletzungen zu vermeiden.

Unter «oligokausal» versteht man Begründungskombinationen. Beispiel: Wer die Oberschenkelvorderseite richtig dehnen möchte, sollte sich zuvor warm laufen. Nach der Aufwärmphase nimmt man beim Üben eine stabile Körperlage ein, schiebt anschließend das Becken nach vorne und führt das Knie nach hinten. Auch oligokausale Vorgaben bieten richtige Aussagen. Sie genügen aber ebenfalls nicht, um Muskelverletzungen zu vermeiden.

Die Fokussierung auf funktional zu betrachtende Kriterien oder die differenzierte Aufschlüsselung der Muskelfaserstruktur bringt Vorteile. Denn bei dieser Vorgehensweise werden wichtige Ausschnitte exakt beschrieben. Es besteht aber die Gefahr, einzelne Fakten oder funktionale Aspekte überzubetonen und dabei den Blick für ganzheitliche Zusammenhänge zu verlieren. Nur die Berücksichtigung aller wesentlichen Faktoren verhindert de facto Muskelverletzungen. Optimal wird die Beweglichkeit erst dann trainiert, wenn eine Verletzungsprophylaxe richtig umgesetzt wird.

Die Verbindung der Funktionsgymnastik mit hervorgehobenen Warnungen verunsichert Übungsleiter, Trainer und Spieler. Vor lauter Angst, nicht die optimale Übungsposition einzunehmen, lassen sie empfehlenswerte Übungen ganz weg. Dabei ist Nichtstun fast immer schlechter, als Trainingsaufgaben nicht zur vollsten Zufriedenheit auszuführen. Auch wird die Gefahr von geringfügigen Scher- und Fehlbelastungen überbetont. Denn in der Regel sind es länger andauernde Dysbalancen, die das Gelenk schädigen. Anders verhält es sich in der Krankengymnastik und während der Reha-

bilitation! Besonders im Wirbelsäulenbereich haben falsche Hebel- und Zugkräfte manchmal gravierende Auswirkungen. Trotz allem ist es natürlich
notwendig, richtige Trainingsabläufe
einzuüben und Fehler beim Übungsab-
lauf sowie Fehlhaltungen zu korrigie-
ren.

Die Trainingslehre stellt klare An-
forderungen für jede Trainingseinheit
oder Spielvorbereitung. Jedoch setzen
viele diese funktionalen Erkenntnisse
nicht konsequent genug um. Würde
man alle relevanten Einflussgrößen beachten, so würde diese komplementäre
Vorgehensweise zum bestmöglichen
Verständnis über Muskelfunktionen
führen. Mit der komplementären Vorgehensweise lassen sich Muskelverletzungen, die nicht vom Gegenspieler
verursacht werden, weitestgehend vermeiden.

Zum Schaubild (Seite 96): Die poly-
kausale Begründung sieht das Beweglichkeitstraining innerhalb der Summe
aller Einflussgrößen. Man berücksichtigt im Unterschied zu monokausalen
und oligokausalen Begründungen
möglichst ganzheitlich alle wesentlichen Aspekte und Abhängigkeiten in
der Trainingsgestaltung. Daraus resul-
tiert eine systemische Vorgehensweise,
die eine effektive Verletzungsprophylaxe darstellt.

DIE STRUKTUR DER MUSKEL-FIBRILLE

Molekulare Komponenten bestimmen
die Bewegung und die Beweglichkeit.
Immer genauere Forschungsmethoden
brachten und bringen Licht in zellu-
läre Systeme. Bei der Muskelkontraktion wurden die molekularen Arbeits-
weisen und deren Ordnungen unter-
sucht. Die Schwierigkeit, etwas Ge-
naues über die Muskelzelle auszu-
sagen, liegt jedoch nur bedingt auf der
molekularen Ebene. Dank Röntgen-
strukturanalyse, Laserstrahltechnik
und Aufnahmen des Elektronenmi-
kroskops können inzwischen Muskelzellen bis ins Detail erforscht werden.
Viele Informationen bilden allerdings
nicht Bewegungsabläufe ab, sondern
liefern statistische Daten, die einer
Analyse bedürfen.

In der Tat kennt man die «Motoren» für Bewegung. Das Zusammenspiel der Proteine Aktin und Myosin ist
schon lange identifiziert. Auch kennt
man den Treibstoff biologischer Vorgänge, das ATP (Adenosintriphosphat). Wie die Steuerungsprozesse von
Bewegungsvorgängen im und außerhalb des Muskels funktionieren, ist in
vielen Details jedoch noch nicht geklärt. Erschwerend kommt hinzu, dass
nicht alle Muskelzellen identisch arbeiten.

Beispielsweise weiß man bereits,
dass die Bewegungen der Leber- und

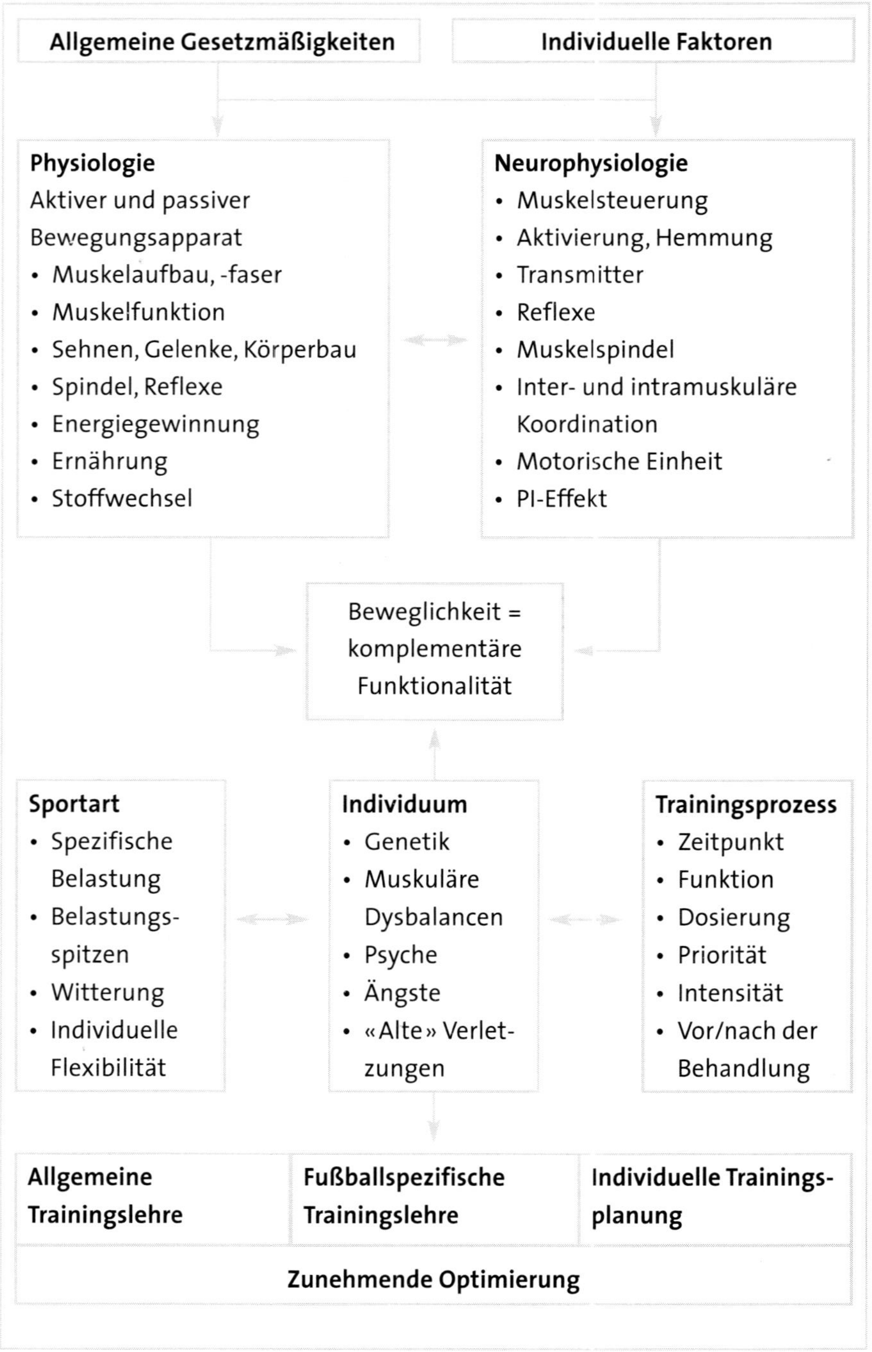

Allgemeine Gesetzmäßigkeiten	Individuelle Faktoren

Physiologie
Aktiver und passiver
Bewegungsapparat
- Muskelaufbau, -faser
- Muskelfunktion
- Sehnen, Gelenke, Körperbau
- Spindel, Reflexe
- Energiegewinnung
- Ernährung
- Stoffwechsel

Neurophysiologie
- Muskelsteuerung
- Aktivierung, Hemmung
- Transmitter
- Reflexe
- Muskelspindel
- Inter- und intramuskuläre
  Koordination
- Motorische Einheit
- PI-Effekt

Beweglichkeit =
komplementäre
Funktionalität

Sportart
- Spezifische
  Belastung
- Belastungs-
  spitzen
- Witterung
- Individuelle
  Flexibilität

Individuum
- Genetik
- Muskuläre
  Dysbalancen
- Psyche
- Ängste
- «Alte» Verlet-
  zungen

Trainingsprozess
- Zeitpunkt
- Funktion
- Dosierung
- Priorität
- Intensität
- Vor/nach der
  Behandlung

Allgemeine Trainingslehre	Fußballspezifische Trainingslehre	Individuelle Trainings- planung

Zunehmende Optimierung

Muskelzellen nicht gleichartig sind. Muskelzellen scheinen sogar einfacher zu arbeiten.

Aktive Sportler interessieren biomechanische Details wenig. Erst wenn man häufiger Verletzungen erleidet oder der Muskel sich verkrampft, tauchen Fragen auf:

- War die Belastung für den Muskel zu stark?
- Wurde zu wenig oder gar zu viel gedehnt?
- Stimmt die Ernährung nicht?
- War die Belastungspause zu kurz?

Wenn Verletzungen im Vorfeld vermieden werden sollen, kommt man nicht ohne die molekularen Strukturen in der Muskelzelle aus. Die Proteine Aktin und Myosin spielen bei der Kontraktion des Muskels eine wichtige Rolle. Für Beweglichkeit und Verletzungsprophylaxe stellen sich weitere Fragen:

- Wie kommt die Muskelzelle wieder in ihre ursprüngliche Länge?
- Wird der Muskel beim Dehnen in die Länge gezogen?
- Wie intensiv muss man dehnen?
- Kann man sich zu stark dehnen, und woran erkennt man das?
- Wie wird die Ruhespannung aufrechterhalten?
- Leidet die Schnelligkeit darunter, wenn man sich stark dehnt?

- Verursacht intensives Dehnen Mikroverletzungen?

Solche Fragen lassen sich nur beantworten, wenn man auch die filamentäre Struktur des Muskelaufbaus erforscht. Zu klären ist die Bedeutung der Titinfilamente (siehe S. 98) und der Mikrofibrillen für das Aufwärmen, das Wettkampftraining und den Wettkampf. Die Konsequenzen für die Trainingsgestaltung sind mit großer Wahrscheinlichkeit richtungsweisend.

DAS ELASTISCHE TITIN

Am deutlichsten wird die Notwendigkeit, traditionelle Stretchingübungen kritisch zu würdigen, am Titinfilament.

Die Struktur des Titinfilaments gleicht einer Reihe von Sprungfedern, die durch lose Kettenbereiche verbunden sind. Durch die globuläre Struktur kann sich das Titinfilament während der Kontraktion stark dehnen und kehrt dennoch leicht in seine ursprüngliche Form zurück. Kontrahiert der Muskel, dehnt sich der elastische Titinanteil, der mit der Z-Scheibe verbunden ist. Ist die Muskelkontraktion beendet, löst sich die Myosin-Aktin-Köpfchen-Verbindung. Weil das Titin aufgrund der Kontraktion Zugkraft besitzt, zieht sich das Titin während der Entspannung wieder zusammen.

Auf einmal wird auch deutlich, weshalb es so wichtig ist, dass das Titin mit der Z-Scheibe, dem Aktin und Myosin verbunden ist. Denn in der Entspannungsphase kehrt die Muskelzelle bedingt durch das Titin in seine Ausgangslänge zurück. Stretching ist physiologisch gar nicht notwendig, um den Muskel in die Länge zu ziehen.

Die Physiologie, aber auch der Weg der Kraftübertragung innerhalb des Muskels (z. B. bei Dehnübungen) sowie in der Muskelzelle selbst, ist zentral wichtig. Zugspannungen werden nicht direkt auf die Muskelfilamente über-

tragen, sondern sie durchlaufen immer einen bestimmten Weg. Bei Dehnaktionen wirken Zugkräfte zuerst auf die Sehnenfibrillen, anschließend auf die kollagenhaltigen Faserhüllen, bevor sie über retikuläre Mikrofibrillen auf die Strukturfibrillen der Muskelfaser gelangen. Bringt der Muskel Kraft auf, verläuft die Kraftweiterleitung auf dem umgekehrten Weg. Vom Sarkomer her über die retikulären Mikrofibrillen wird die Kraft auf die Faserhüllen und von dort über die Sehnenfibrillen zuletzt auf die Knochenansatzstellen übertragen.

Dennoch bleibt gegenwärtig offen,

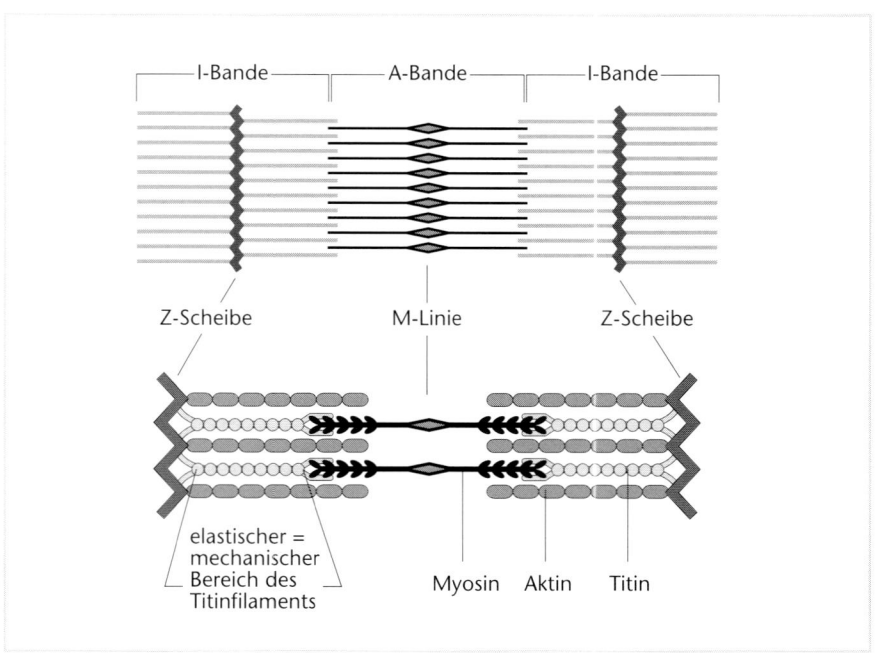

Das Titinfilament während der Muskelkontraktion und während der Entspannung

ob für den Dehnungswiderstand – besonders in welchem Kräfteverhältnis – mehr die äußere Faserhülle oder das innere Muskelskelett der Fibrillen und dort vor allem das Titin verantwortlich ist. Beim Beweglichkeitstraining nimmt bei größeren Winkelstellungen die Bedeutung des Bindegewebes sicherlich zu.

Wenn es darum geht, Verletzungen zu vermeiden, muss man zudem bedenken, dass die Neurophysiologie (nervöse Steuerung) unausweichlich die Muskelzelle beeinflusst. Bei entsprechenden Impulsen reagiert die Muskelzelle mit Bewegung. Bleiben die Impulse aus, verschieben sich Myosin und Aktin nicht.

Entscheidend für die Verletzungsprophylaxe und Trainingslehre sind die wechselseitigen Abhängigkeiten beziehungsweise Einflüsse der Physiologie und Neurophysiologie. Mit größter Wahrscheinlichkeit erfolgt die Hauptfunktionssteuerung nämlich nervös, also über die Neurophysiologie.

DER PI-EFFEKT

Kurzbeschreibung des PI-Effekts (*pro*gressiv – *i*ntermittierend):

Das Beweglichkeitstraining wird fortschreitend (progressiv) gesteigert. Die Übungsphase wird jeweils durch eine isometrische Muskelanspannung in der aktuell «gedehnten» Muskulatur unterbrochen (intermittierend). Anschließend kann das Beweglichkeitstraining auf neuem Niveau fortgesetzt werden.

Die Position wird, wie beim Stretching gewohnt, sanft eingenommen. In der Endposition der gehaltenen «Dehnung» wird der zu trainierende Muskel (Agonist und teilweise Antagonist) vorwiegend isometrisch bis an die Schmerzgrenze in eine Muskelanspannung gebracht. Diese isometrische Muskelanspannung wird nach wenigen Sekunden (1–2 Sekunden) gelöst. Direkt danach wird der Muskel wieder langsam und sanft eine «Stufe» weiter bis zum Optimum «gedehnt». In der neuen Endposition der gehaltenen Dehnung wird der zu trainierende Muskel nochmals bis an die Schmerzgrenze isometrisch angespannt.

Der PI-Effekt: In der bis dahin maximal möglichen Bewegungsreichweite (gehaltene Dehnposition) erfolgt eine isometrische Anspannung der gerade trainierten Muskulatur. Nach dem Lösen der isometrischen Anspannung kann das betreffende Körperglied (z. B. ein Bein) anschließend in einen weiteren Winkel bewegt werden.

Sichtbare und spürbare Effekte: Die Bewegungsamplitude vergrößert sich (der Winkel wird stumpfer). Der Muskel wird «dehnfähiger», er fühlt sich wahrnehmbar lockerer an.

Vergleichen Sie die phänomenologischen Ergebnisse der traditionellen Stretchingmethode mit dieser Vorgehensweise. Sie werden verwundert sein. Die Trainierenden, die diese Methode ausprobiert haben, beschreiben das Ergebnis: «Ich fühle mich so beweglich wie nie zuvor.»

Im neuen Argumentationskontext verlagert sich die Begründung für das Training der Beweglichkeit:

Je einseitiger und umfangreicher eine Sportart betrieben wird, ohne dass gleichzeitig die inter- und intramuskuläre Koordination, z. B. durch das Training mit dem PI-Effekt verbessert wird, desto wahrscheinlicher treten Muskelprobleme auf. Proportional zum Trainingsumfang sollte deshalb der Umfang der koordinierenden Beweglichkeitsübungen gesteigert werden.

ACHTSAMES DEHNEN LÖST VERSPANNUNGEN

Das gezielte Beweglichkeitsprogramm mit dem PI-Effekt steigert die Bewegungsamplitude eines Gelenkes. In der Regel verbessert sich die Gelenkigkeit zwischen 10 und 30 Prozent, in einigen Muskelbereichen kann das Beweglichkeitstraining sogar noch deutlichere Beweglichkeitssteigerungen hervorrufen.

GRENZEN DES BEWEGLICHKEITS-TRAININGS

Verschiedene Skelettabschnitte sind über Gelenke miteinander verbunden. Die Art der jeweiligen Gelenkform gibt funktional betrachtet eine bestimmte Bewegungsrichtung vor und begrenzt gleichzeitig das Bewegungsausmaß. Beim Kugelgelenk (Schulter oder Hüfte) ist der Freiheitsgrad der möglichen Bewegungsrichtungen am größten. Denn der Gelenkkopf sitzt in der Gelenkpfanne, sodass die Beweglichkeit nach vorne und hinten und seitlich gewährleistet ist. Das Kugelgelenk soll die Mobilität in alle Richtungen ermöglichen, aber gleichzeitig will man eine angemessene Stabilität erhalten. Beim Fußballspieler sollte die Bewegungsamplitude des Hüftgelenks so wenig wie möglich eingeschränkt sein. Das Scharniergelenk (Knie und Ellbogen) begrenzt den Bewegungsausschlag zur Seite und nach hinten. Drehbewegungen stellen beim Fußballspieler eine Gefahr für das Kniegelenk dar. Die Rotation bei fixiertem Unterschenkel kann das Kniegelenk schädigen. Solche Problemsituationen provoziert man durch lange Stollen, welche zwar die Stabilität am Boden unterstützen, aber zu Knieschädigungen führen können.

Besonders Drehbewegungen bei gebeugtem Kniegelenk sind kritisch.

Sehnen, Bänder und Bindegewebe stabilisieren Bewegungsrichtungen. Weil sie den Bewegungsausschlag hemmen, schützen sie auch vor Verletzungen. Dementsprechend ist eine Überdehnung dieser Strukturen nicht anstrebenswert. Der Lendenwirbelsäulenbereich trägt Lasten und stabilisiert den Körper. Eine Hyperlordose (Hohlkreuz) führt zu Folgeproblemen.

Der Muskel wird von einer bindegewebigen Muskelbinde (Haut) umgeben. Beim Beweglichkeitstraining drückt diese Muskelbinde gegen den Muskel. Dabei kommt es zu einer Druckerhöhung im Muskel. Gesteigert wird dieser Druck durch die isometrische Anspannung, die in Folge den PI-Effekt auslöst. Wahr ist, dass bereits ab 15 Prozent der Maximalkraft das venöse Blut nicht mehr richtig abfließen kann. Auch stimmt, dass bei Anspannungen um 50 Prozent der Maximalkraft die Durchblutung innerhalb des Muskels fast zum Erliegen kommt. Nur die Konsequenzen, dass nämlich der Stoffwechsel und die Durchblutung durch Dehnübungen vermindert würden, sind falsch.

Infolge des Beweglichkeitstrainings mit dem PI-Effekt lösen sich intramuskuläre Verspannungen. Der Muskeldruck ist anschließend spürbar weniger. Die Blutgefäße sind freier und können sauerstoffreiches Blut zuführen und sauerstoffarmes Blut abtransportieren.

Die isometrische Anspannung soll kurz andauern (nur 1–2 Sekunden). Es genügt, den Reiz auszulösen, der die intra- und intermuskuläre Koordination verbessert. Deswegen eignet sich das Beweglichkeitstraining mit dem PI-Effekt ausgezeichnet, um auch nach der Belastung den Stoffwechsel anzuregen. Optimal ist sicherlich die Kombination der PI-Methode mit einem Auslaufritual. In Verbindung mit dem bekannten Auslaufen werden die durch die Belastung gebildeten Stoffwechselabbauprodukte schneller ausgeschwemmt und abtransportiert.

POSITIVE WIRKUNGEN DES BEWEGLICHKEITSTRAININGS

Durch das Beweglichkeitstraining

- vergrößert sich die Bewegungsreichweite der Gelenke;
- steigert man die fußballerische Leistungsfähigkeit;
- vermeidet man Muskelverletzungen;
- unterstützt man regenerative Maßnahmen.

DER EINSTIEG INS RICHTIGE BEWEGLICHKEITSTRAINING

Die Aufwärmphase sollte bei leichten Belastungen mindestens 5–10 Minuten betragen. Vor intensiven Kraft- und Schnellkraftübungen ist zum Schutz von Muskulatur, Sehnen und Bändern ein mindestens 15- bis 20-minütiges Aufwärmen geboten. Sehnen und Bänder führen und stabilisieren die Gelenke. Im kalten Zustand können sie leichter überdehnt oder verletzt werden, und sie können bei extremen Überbelastungen sogar reißen.

Trainingstipps

Achten Sie darauf, dass

- die Muskulatur aufgewärmt wurde. Mobilisieren Sie den betreffenden Körperbereich (besonders den Rumpf), bevor Sie intensiv in das Beweglichkeitstraining einsteigen.
- der Körper, besonders die Gelenke, die ausweichen können, fixiert sind.
- keine Scherbelastungen in den Gelenken auftreten, indem Sie z. B. die Beine oder den Kopf außerhalb der Körperlängsachse verschieben.
- langsam und gelenkschonend trainiert wird.
- die Muskulatur während des Beweglichkeitstrainings möglichst wenig Haltearbeit verrichten muss (inter- und intramuskuläre Blockaden verhindern sonst eine bessere Wirkung).
- die Aufmerksamkeit auf die Muskulatur gelenkt ist, die Sie gerade trainieren. Versuchen Sie die Spannung und Entspannung und vor allem den Spannungsunterschied wahrzunehmen.
- kein Ärger und keine Angst den Muskeltonus erhöhen (eventuell sind Methoden der Muskelentspannung vor dem Beweglichkeitstraining notwendig).
- nie die Luft angehalten wird (keine Pressatmung)! Atmen Sie immer ruhig und gleichmäßig weiter.
- Sie ruckartige, schnelle Bewegungen vermeiden.

Eine akut verletzte (schmerzende) Muskulatur sollte ohne ärztliche Betreuung nicht ins Beweglichkeitstraining einbezogen werden.

DIE ÜBUNGEN

Fußball ist stark witterungsabhängig. Bei nasskaltem oder sogar gefrorenem Untergrund ist das Training im Liegen kein Vergnügen. Aus diesem Grund wurde darauf Wert gelegt, dass Beweglichkeitsübungen mit vergleichbarer Funktionalität in verschiedenen Ausgangslagen (z. B. im Liegen und im Stehen) erklärt werden.

Ebenso verhält es sich mit Partnerübungen. Sie sind sehr effektiv, aber zeitaufwändiger und in etlichen Varianten abhängig von geeignetem Untergrund.

Um einen optimalen Effekt zu erzielen, ist es sinnvoll, die Übungen 1- bis 2-mal zu wiederholen.

VERWENDETE SYMBOLE

 Übung mit Ball

 Partnerübung

 Physioband

 Seil

 Sportkreisel

BEWEGLICHKEIT
BEINMUSKULATUR

Setzen Sie einen Fuß mit dem Spann auf den Ball. Drücken sie geradlinig den Fuß nach vorn-unten, bis Sie den Dehnreiz spüren.

PI: Drücken Sie den Vorderfuß gegen den Ball (isometrische Anspannung).

Lösen Sie die Anspannung und setzen Sie, wie oben beschrieben, das Beweglichkeitstraining fort, indem Sie den Vorderfuß sanft stärker gegen den Ball drücken.

Üben Sie mit dem anderen Fuß entsprechend gegengleich.

Variante
Dieselbe Übung, nur der Fuß liegt nicht auf dem Ball, sondern auf dem Boden.

Hinweis
Die Beweglichkeit der Unterschenkelvorderseite ist häufig eingeschränkt. Deswegen kann der Spann nicht richtig durchgedrückt und unter anderem der Ball im Vollspann kaum richtig getroffen werden. Folglich fliegt der Ball nicht auf, sondern über das Tor.

Unter-
schenkel-
vorder-
seite

PI
Effekt

Unter-
schenkel-
vorder-
seite

**PI
Effekt**

Fuß-
gelenks-
mobili-
sation

P1 steht aufrecht, lehnt sich gegen den Torpfosten (Zaun) und legt ein Bein auf den Oberschenkel von P2, der seitlich steht. P2 fixiert mit einer Hand den Unterschenkel und drückt mit der anderen den Vorderfuß von P1 sanft nach vorne-unten, bis der Dehnreiz am Fußgelenk spürbar ist.

PI: P1 drückt den Fuß gegen die Hand von P2 (isometrische Anspannung).

P1 löst die Anspannung und wiederholt die Beweglichkeitsübung wie oben beschrieben.

Üben Sie das andere Bein entsprechend gegengleich.

Rollenwechsel.

Variante
P2 drückt den Fuß sanft nach innen-unten bzw. außen-unten.

Hinweis
Diese Übung nicht bei einer akuten Kapsel- oder Bandverletzung durchführen.

P1 liegt bequem auf dem Rücken und legt ein Bein auf den Oberschenkel von P2, der seitlich kniet. P2 fixiert mit einer Hand am Knie den Unterschenkel und drückt mit der anderen den Vorderfuß von P1 sanft nach vorne-unten, bis der Dehnreiz am Schienbein und Fußgelenk spürbar ist.

PI: P1 drückt den Fuß gegen die Hand von P2 (isometrische Anspannung).

P1 löst die Anspannung und wiederholt die Beweglichkeitsübung wie oben beschrieben.

Üben Sie das andere Bein entsprechend gegengleich.

Rollenwechsel.

Varianten
* P2 drückt den Fuß sanft nach außen-unten.
* P2 drückt den Fuß sanft nach innen-unten.

Hinweis
Diese Übung nicht bei einer akuten Kapsel- oder Bandverletzung durchführen!

3

Unter-
schenkel-
vorder-
seite

PI
Effekt

Fuß-
gelenks-
mobili-
sation

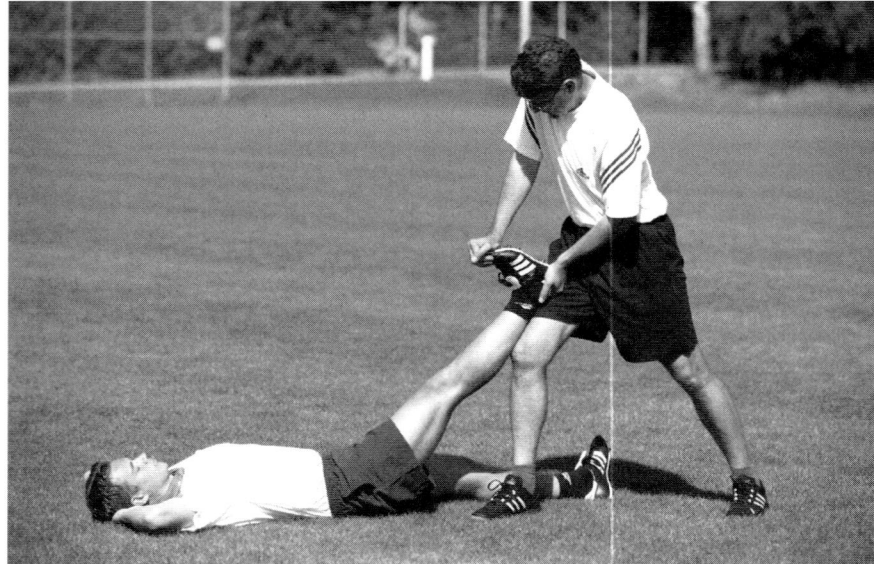

P1 liegt in Rückenlage und streckt ein Bein ca. 45 Grad nach oben. P2 hält das Bein an der Ferse fest und drückt mit der freien Hand (Unterarm) den Vorderfuß nach unten, bis der Dehnreiz im Wadenbereich spürbar ist.

PI: P1 drückt den Vorderfuß gegen den Unterarm von P2 (isometrische Anspannung).

Üben Sie die andere Seite entsprechend gegengleich.

Hinweise

Bei akuten Bandproblemen soll der verletzte Bereich nicht mit dieser Methode ins Beweglichkeitstraining einbezogen werden.

- Das Knie von P1 muss beim Beweglichkeitstraining ganz gestreckt sein.

Varianten

P2 drückt den Vorderfuß nach vorn-innen bzw. vorn-außen. Der Griff wird deshalb seitlich angesetzt.

PI: P1 drückt dementsprechend mehr mit dem Groß-Zehenbereich bzw. Außenbereich gegen die haltende Hand.

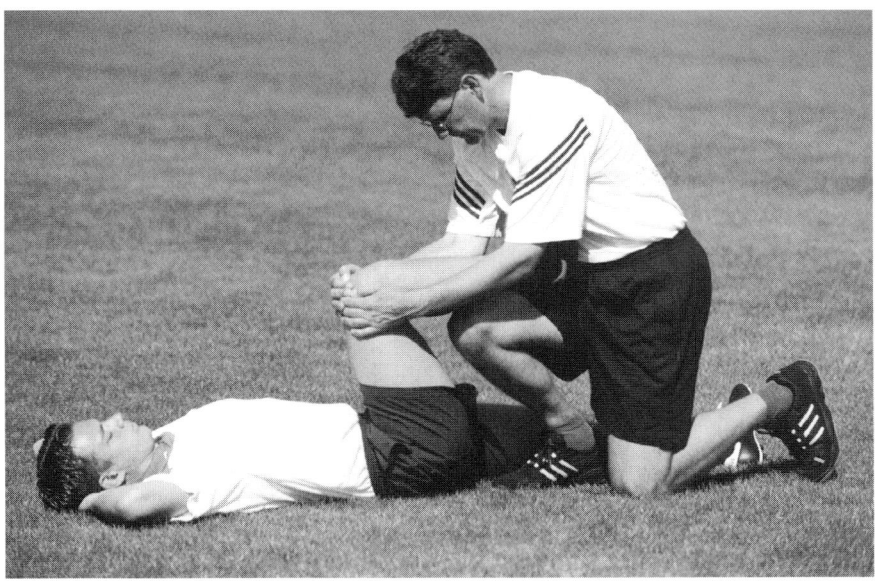

P1 liegt in Rückenlage, beugt ein Bein und legt den Fuß bei P2 auf das Brustbein (oder auf den Unterarm davor). Die Hände fixieren das gebeugte Bein am Knie. P2 drückt mit dem Oberkörper den Vorderfuß nach unten, bis der Dehnreiz im Wadenbereich (Schollenmuskel) spürbar ist.

PI: P1 drückt den Vorderfuß gegen den Brustkorb von P2 (isometrische Anspannung).

Lösen Sie die Anspannung und setzen Sie die Beweglichkeitsübung wie oben beschrieben fort.

Üben Sie die andere Seite entsprechend gegengleich.

Hinweise

- Wenn möglich, sollte P1 die Schuhe ausziehen und diese Übung in Strümpfen oder barfüßig durchführen.
- P1 schützt den Brustkorb, indem ein Arm quer vor den Brustkorb gelegt wird. P2 drückt den Vorderfuß dann gegen diesen Unterarm.

6

Waden-muskula-tur

PI Effekt

Geländer/ Stange

Das Bein liegt auf einer Stange (z. B. Geländer) auf, und das Seil wird zwischen die Stollen des Vorderfußes geführt, und der Fuß wird nach oben gestreckt. Die Hände ziehen an beiden Enden des Seils, bis der Dehnreiz im Wadenbereich spürbar ist.

PI: Das Seil bleibt straff gespannt und der Übende drückt den Vorderfuß gegen das Seil (isometrische Anspannung).

Lösen Sie die Anspannung und wiederholen Sie die Beweglichkeitsübung wie oben beschrieben.

Üben Sie das andere Bein gegengleich.

Hinweis
Das Knie muss beim Beweglichkeitstraining ganz gestreckt sein.

Zwei Personen stehen sich in Schrittstellung gegenüber und fixieren sich gegenseitig an den Armen und Schultern. Beide schieben das Kniegelenk des hinteren Beines nach hinten-oben und drücken die Ferse gegen den Boden.

PI: Beide Personen drücken den Vorderfuß vom hinteren Bein gegen den Boden und krallen die Zehen ein (isometrische Anspannung).

Lösen Sie die Anspannung und wiederholen Sie die Beweglichkeitsübung wie oben beschrieben.

Üben Sie das andere Bein entsprechend.

Variante
Verschieben Sie die Ferse des hinteren Beines vor der Beinstreckung nach innen bzw. außen.

7

Waden-muskula-tur

PI
Effekt

In Schrittstellung lagert das Körpergewicht hauptsächlich auf dem vorderen
Bein. Schieben Sie das Kniegelenk des
hinteren Beines nach hinten oben und
drücken Sie die Ferse gegen den Boden.
Die Fußspitze kann mal mehr nach
außen, mal mehr nach innen zeigen.

PI: Drücken Sie den Vorderfuß gegen
den Boden, krallen Sie die Zehen ein
(isometrische Anspannung).

Lösen Sie die Anspannung, schieben
Sie die Kniekehle weiter nach hinten-
oben und die Hüfte nach vorne.

Üben Sie das andere Bein entsprechend
gegengleich.

Hinweis
Halten Sie den Oberkörper aufrecht,
der Kopf bleibt in der Verlängerung der
Wirbelsäule.

In Schrittstellung stützen sich die Arme am Torpfosten ab. Das hintere Bein nach hinten-oben strecken und anschließend die Ferse gegen den Boden drücken.

PI: Drücken Sie den Vorderfuß gegen den Boden, krallen Sie die Zehen ein (isometrische Anspannung).

Lösen Sie die Anspannung, schieben Sie die Kniekehle weiter nach hinten-oben und die Hüfte nach vorne.

Üben Sie das andere Bein entsprechend gegengleich.

Hinweis
Halten Sie den Oberkörper aufrecht, der Kopf bleibt in der Verlängerung der Wirbelsäule.

9

Tor-
pfosten/
Stange

Waden-
muskula-
tur

PI
Effekt

113

Stellen Sie den Ballenbereich des vorderen Fußes auf eine Erhöhung (z. B.
Geländerstange, Treppenstufe der Tribüne). Das Kniegelenk des vorderen
Beines ist vollkommen gestreckt. Gehen Sie mit dem Becken nach vorne,
bis Sie den Dehnreiz in der Wade deutlich spüren.

PI: Drücken Sie mit dem Vorderfuß
gegen die Stufe (isometrische Anspannung).

Lösen Sie die Anspannung und setzen
Sie das Beweglichkeitstraining fort, indem Sie das Becken weiter nach vorne
führen.

Üben Sie das andere Bein entsprechend
gegengleich.

Hinweis

Achten Sie darauf, dass die Ballenbereich nicht tiefer rutscht und sich das
Kniegelenk nicht beugt.

Varianten

- **PI**: Drücken Sie mehr die Innenseite
  des Fußballens und den Großzehenbereich gegen die Stufe (isometrische Anspannung).
- **PI**: Drücken Sie mehr die Außenseite des Fußballens und den Kleinzehenbereich gegen die Stufe (isometrische Anspannung).

Stellen Sie den Ballenbereich des hinteren Fußes auf eine Erhöhung (z. B. Tor, Treppenstufe der Tribüne). Das Kniegelenk des hinteren Beines vollkommen gestreckt. Schieben Sie die Ferse nach unten, bis Sie den Dehnreiz in der Wade deutlich spüren.

PI: Drücken Sie mit dem Vorderfuß gegen die Stufe (isometrische Anspannung).

Lösen Sie die Anspannung und setzen Sie das Beweglichkeitstraining fort, indem Sie die Ferse weiter nach unten führen.

Üben Sie das andere Bein entsprechend gegengleich.

Hinweis
Achten Sie darauf, dass sich das Kniegelenk nicht beugt.

Varianten
- **PI:** Drücken Sie mehr die Innenseite des Fußballens und den Großzehenbereich gegen die Stufe (isometrische Anspannung).
- **PI:** Drücken Sie mehr die Außenseite des Fußballens und den Kleinzehenbereich gegen die Stufe (isometrische Anspannung).

- Verdrehen Sie die Ferse vor der Beweglichkeitsübung mehr nach innen bzw. nach außen.

Ober-
schenkel-
vorder-
seite

Hüft-
beuger

PI
Effekt

Führen Sie aus dem Stand ein Bein geradlinig nach hinten, bis das Knie auf dem Boden abgelegt werden kann, der Fuß ist gestreckt. Der Fuß des vorderen Beines lagert unter dem Knie. Senken Sie die Hüfte in Richtung Boden und schieben Sie das Becken sanft nach vorne.

PI: Drücken Sie das gesamte hintere Bein gegen den Boden (isometrische Anspannung).

Lösen Sie die Anspannung und schieben Sie die Hüfte weiter nach vorne.

Üben Sie das andere Bein, die andere Hüftbeugemuskulatur entsprechend gegengleich.

Hinweis

Halten Sie den Rücken gerade und strecken Sie den Kopf.

Varianten

- Ein Ball wird mit beiden Händen auf dem vorderen Oberschenkel fixiert (Vorteil: Der Oberkörper wird eher aufgerichtet).
- Ein Ball wird über den Kopf in die Höhe gestreckt (Vorteil: Der Oberkörper ist sofort in der optimalen Position). Beweglichkeitstraining wie oben beschrieben durchführen.

Ober-
schenkel-
vorder-
seite

Hüft-
beuger

PI
Effekt

Stellen Sie in der weiten Schrittstellung das vordere Bein auf eine Erhöhung (Bank, Stufe). Schieben Sie die Hüfte nach vorn-oben.

PI: Drücken Sie das gesamte hintere Bein gegen den Boden (isometrische Anspannung).

Lösen Sie die Anspannung und schieben Sie die Hüfte weiter nach vorne.

Üben Sie das andere Bein, die andere Hüftbeugemuskulatur entsprechend gegengleich.

Hinweis
Halten Sie den Rücken gerade und strecken Sie den Kopf.

Ober-
schenkel-
vorder-
seite

PI
Effekt

Hüft-
beuger

Stellen Sie aus dem Kniestand heraus ein Bein nach vorne und schieben Sie das andere Bein weit nach hinten. Greifen Sie mit der gleichseitigen Hand das hintere Bein und schieben Sie die Hüfte nach vorne, bis der Dehnreiz spürbar ist.

PI: Drücken Sie den hinteren Unterschenkel gegen die haltende Hand (isometrische Anspannung).

Lösen Sie die Anspannung und schieben Sie die Hüfte weiter nach vorne.

Üben Sie das andere Bein entsprechend gegengleich.

Hinweise

- Verdrehen Sie die Hüfte beim Beweglichkeitstraining nicht nach hinten.
- Das Knie sollte auf einer weichen Unterlage (z. B. Handtuch) aufliegen.
- Halten Sie den Rücken gerade und steuern Sie das Beweglichkeitstraining, indem Sie das Becken nach vorne schieben oder das Knie weiter hinter der Körperachse aufsetzen.

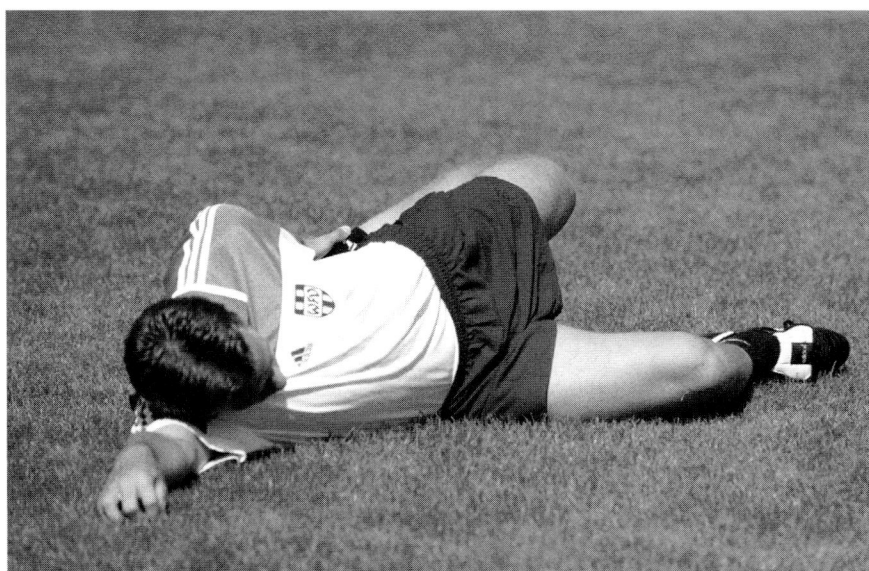

Führen Sie in der Seitlage die Hüfte senkrecht und winkeln Sie das untere Bein vor dem Körper 90 Grad im Hüft- und Kniegelenk (dient der Stabilisation). Der obere Arm greift das gleichseitige, abgewinkelte Beim am Fußgelenk. Ziehen Sie den Bauch ein und schieben Sie das Becken nach vorne, bis Sie den Dehnreiz spüren.

PI: «Kicken» Sie mit dem oberen Unterschenkel gegen die haltende Hand, ohne dass die Hand nachgibt (isometrische Anspannung).

Lösen Sie die Anspannung und trainieren Sie anschließend weiter, indem Sie das Becken weiter nach vorne und das Knie weiter nach hinten schieben.

Üben Sie die andere Seite entsprechend gegengleich.

Hinweise

• Weder das Knie darf während der Übung nach oben oder unter ausweichen, noch darf das Becken während des Beweglichkeitstrainings nach vorne oder hinten kippen. Achten Sie darauf, ein Hohlkreuz zu vermeiden (Gesäß und Bauch bleiben in Anspannung).

• Es ist funktional nicht entscheidend, den Unterschenkel kräftig zum Gesäß zu ziehen! Dieses Vorgehen führt zu unnötigen Belastungen des Kniegelenks!

Beugen Sie in Bauchlage das rechte Bein in Richtung Gesäß. Der rechte Arm greift das Bein am Fußgelenk, der linke Arm liegt unter der Stirn. Ziehen Sie den Bauch ein, schieben Sie das Becken gegen die Unterlage und heben Sie das Knie an, bis Sie den Dehnreiz spüren.

PI: «Kicken» Sie mit dem rechten Unterschenkel gegen die haltende Hand, ohne dass die Hand nachgibt (isometrische Anspannung).

Lösen Sie die Anspannung und trainieren Sie anschließend weiter, indem Sie das Becken weiter nach vorne und das Knie weiter nach oben schieben.

Üben Sie das linke Bein entsprechend gegengleich.

Hinweise
- Achten Sie darauf, ein Hohlkreuz zu vermeiden (Gesäß und Bauch bleiben in Anspannung).
- Es ist funktional nicht entscheidend, den Unterschenkel kräftig zum Gesäß zu ziehen! Dieses Vorgehen führt zu unnötigen Belastungen des Kniegelenks!

P1 liegt in Bauchlage und beugt das rechte Bein in Richtung Gesäß. P2 stellt sich hinter P1, sodass er das Knie von P1 greifen kann, der Unterschenkel gegen die Schulter aufliegt und die Lendenwirbelsäule von P1 fixiert werden kann. P1 zieht den Bauch ein, schiebt das Becken gegen die Unterlage, während P2 das rechte Bein sanft anhebt, bis P1 den Dehnreiz spürt.

PI: P1 «kickt» den rechten Unterschenkel gegen die Schulter von P2 (isometrische Anspannung).

P1 löst die Anspannung, und P2 hebt das Knie weiter an.

Üben Sie das linke Bein entsprechend gegengleich.

Rollenwechsel.

Hinweise
- Achten Sie darauf, ein Hohlkreuz zu vermeiden (Gesäß und Bauch bleiben in Anspannung).
- Es ist funktional nicht entscheidend, den Unterschenkel kräftig zum Gesäß zu ziehen! Dieses Vorgehen führt zu unnötigen Belastungen des Kniegelenks!

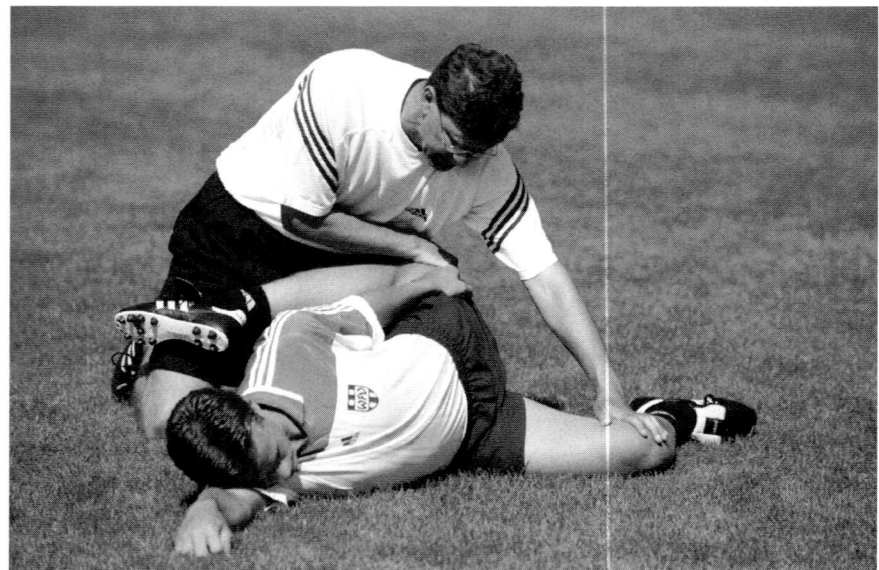

P1 liegt rechts in Seitlage und winkelt das linke Bein an. P2 positioniert sich leicht seitlich versetzt hinter das gebeugte Bein, sodass er das rechte Bein fixieren, das Knie von P1 greifen und den Unterschenkel von P1 gegen seinen Oberkörper lagern kann. P2 zieht das Knie von P1 sanft nach hinten, bis der Dehnreiz deutlich spürbar ist.

PI: P1 «drückt» den Unterschenkel gegen die Hüftseite von P2 (isometrische Anspannung).

P1 löst die Anspannung, und P2 zieht den Oberschenkel am Knie sanft weiter nach hinten.

Üben Sie das rechte Bein entsprechend.

Rollenwechsel.

Hinweise
- Achten Sie darauf, dass P1 nicht eine Hohlkreuzstellung einnimmt.
- Es ist funktional nicht entscheidend, den Unterschenkel kräftig zum Gesäß zu ziehen! Dieses Vorgehen führt zu unnötigen Belastungen des Kniegelenks!

Im Liegen winkeln Sie den rechten Unterschenkel an. Legen Sie das Seil um das gebeugte Bein. Drücken Sie das Becken gegen die Unterlage und heben Sie das Knie an, bis der Dehnreiz deutlich spürbar ist.

PI: Straffen Sie das Seil und «kicken» Sie mit dem Unterschenkel gegen das Seil, ohne dass eine Bewegung zustande kommt (isometrische Anspannung).

Lösen Sie die Anspannung und setzen Sie das Beweglichkeitstraining fort, indem Sie das Knie weiter anheben.

Üben Sie das linke Bein gegengleich.

Hinweise

- Achten Sie darauf, nicht übermäßig ins Hohlkreuz zu fallen. Ziehen Sie deshalb beim Beweglichkeitstraining den Bauch ein. Um nicht auszuweichen oder zu kippen, schiebt man das Becken beim Üben ständig aktiv gegen die Unterlage.
- Es ist funktional nicht entscheidend, den Unterschenkel kräftig zum Gesäß zu ziehen! Dieses Vorgehen führt zu unnötigen Belastungen des Kniegelenks!

20

Geländer/
Stange

Ober-
schenkel-
vorder-
seite

PI
Effekt

Winkeln Sie das rechte Bein an und ergreifen Sie das Fußgelenk mit der
gleichseitigen Hand. Die freie Hand
kann sich am Geländer oder an einer
Wand abstützen (Stabilisation). Ziehen
Sie den Bauch ein und schieben Sie das
Becken nach vorn, bis Sie den Dehnreiz
spüren.

PI: «Kicken» Sie den Unterschenkel
gegen die haltende Hand, ohne nachzugeben (isometrische Anspannung).

Lösen Sie die Anspannung und setzen
Sie das Beweglichkeitstraining fort, indem Sie das Becken weiter nach vorn
schieben und das Knie weiter nach
hinten führen.

Üben Sie das linke Bein gegengleich.

Hinweise

- Das Knie darf während des Trainings nicht seitlich ausweichen, und
  das Becken sollte nicht seitlich rotieren. Achten Sie ebenso darauf, nicht
  ins Hohlkreuz zu fallen. Ziehen Sie
  beim Beweglichkeitstraining den
  Bauch ein.
- Wenn Sie in der Halle oder auf der
  Wiese trainieren, müssen Sie mit
  den Augen einen Punkt (Ball) am
  Boden oder am Horizont fixieren,
  damit Sie im Gleichgewicht bleiben
  können. Alternativer Tipp: Drücken
  Sie mit der Zunge von innen gegen
  die oberen Zähne.

Zwer Personen stehen sich leicht seitlich versetzt gegenüber und halten sich gegenseitig an den Schultern fest. Beide winkeln das äußere Bein an und ergreifen das Fußgelenk. Ziehen Sie den Bauch ein und schieben Sie das Becken nach vorn, bis Sie den Dehnreiz spüren.

PI: «Kicken» Sie den Unterschenkel gegen die haltende Hand, ohne nachzugeben (isometrische Anspannung).

Lösen Sie die Anspannung und setzen Sie das Beweglichkeitstraining fort, indem Sie das Becken weiter nach vorn schieben und das Knie weiter nach hinten führen.

Üben Sie das andere Bein gegengleich.

Hinweise

- Das Knie darf während des Trainings nicht seitlich ausweichen, und das Becken sollte nicht seitlich rotieren. Achten Sie ebenso darauf, nicht ins Hohlkreuz zu fallen. Ziehen Sie beim Beweglichkeitstraining den Bauch ein.

- Es ist funktional nicht entscheidend, den Unterschenkel kräftig zum Gesäß zu ziehen! Dieses Vorgehen führt zu unnötigen Belastungen des Kniegelenks!

21

Oberschenkelvorderseite

**PI
Effekt**

Ober-
schenkel-
vorder-
seite/Len-
dendarm-
beinm.

PI
Effekt

Im schulterbreit geöffneten Kniestand zeigen die Füße geradlinig nach hinten. Mit den Händen stützen Sie sich hinter den Beinen ab. Ziehen Sie den Bauch ein und schieben Sie das Becken nach vorn oben, bis Sie den Dehnreiz spüren.

PI: Drücken Sie die Unterschenkel gegen die Unterlage und das Gesäß zusammen (isometrische Anspannung).

Lösen Sie die Anspannung und trainieren Sie anschließend wie oben beschrieben weiter, indem Sie das Becken noch mehr nach vorn-oben schieben.

Hinweise
Schonen Sie Ihre Knie, indem Sie eine weiche Unterlage wählen (Rasen, Matte, Handtuch).

Achten Sie darauf, nicht übermäßig ins Hohlkreuz zu fallen. Ziehen Sie beim Beweglichkeitstraining den Bauch ein.

Variante
Schieben Sie beim Beweglichkeitstraining nur eine Beckenseite nach vorn-oben.

PI: Drücken Sie den Unterschenkel dieser Seite gegen die Unterlage (isometrische Anspannung).

Lösen Sie die Anspannung und trainieren Sie anschließend weiter, indem Sie das Becken noch mehr nach vorn-oben schieben.

Ober-
schenkel-
vorder-
seite/
Lenden-
darmbeinm.

PI
Effekt

Im Kniestand setzen Sie das rechte Bein vor dem Körper auf den Boden, der Fuß liegt ganz auf. Legen Sie den Ball hinter den Körper. Führen Sie das linke Bein mit gestrecktem Fuß weit nach hinten und legen Sie den Unterschenkel auf den Ball, ohne das Becken zu rotieren. Der Oberkörper ist aufrecht und der Bauch eingezogen. Schieben Sie das Becken nach vorne-unten.

PI: Drücken Sie den Unterschenkel gegen den Ball (isometrische Anspannung).

Lösen Sie die Anspannung und schieben Sie das Becken weiter nach vorne-oben.

Üben Sie die andere Seite entsprechend gegengleich.

Hinweis
Um die Knie schmerzfrei aufzusetzen, ist ein weicher Untergrund (z. B. Rasen oder Matte) hilfreich, obwohl dann das Gleichgewicht in dieser labilen Position gehalten werden muss.

Gesäß-
muskula-
tur

Ober-
schenkel-
vorder-
seite

PI
Effekt

In Rückenlage bleibt ein Bein gestreckt, das andere wird angewinkelt. Beide Hände umfassen von oben den Unterschenkel des angewinkelten Beines. Ziehen Sie das angewinkelte Bein geradlinig zur gleichseitigen Schulter.

PI: Drücken Sie das angewinkelte Bein nach oben, aber fixieren Sie es mit den Händen, sodass keine Bewegung zustande kommt (isometrische Anspannung).

Lösen Sie die Anspannung und wiederholen Sie die Übung wie oben beschrieben.

Üben Sie die andere Seite entsprechend gegengleich.

Hinweis

Um den Wirbelsäulenbereich zu schonen, drücken Sie die Lendenwirbelsäule beim Üben sanft gegen den Boden. Der Rücken und der Kopf bleiben während der gesamten Übung auf dem Boden liegen.

In Rückenlage bleibt ein Bein gestreckt, das andere wird angewinkelt. Die gleichseitige Hand liegt außen am Knie, die andere Hand greift von oben den Unterschenkel des angewinkelten Beines. Ziehen Sie das angewinkelte Bein zum Oberkörper und in Richtung Gegenschulter.

PI: Drücken Sie das angewinkelte Bein gegen die Arme, ohne dass eine Bewegung zustande kommt (isometrische Anspannung).

Lösen Sie die Anspannung und wiederholen Sie die Übung wie oben beschrieben.

Üben Sie die andere Seite entsprechend gegengleich.

Hinweis
Um den Wirbelsäulenbereich zu schonen, drücken Sie die Lendenwirbelsäule beim Üben sanft gegen den Boden. Der Rücken und der Kopf bleiben während der gesamten Übung auf dem Boden liegen.

Gesäß-
muskula-
tur

Unter-
schenkel-
vorder-
seite

PI
Effekt

Ober-
schenkel-
rückseite

PI
Effekt

P1 steht aufrecht und lehnt sich gegen den Torpfosten (Zaun). P2 steht vor P1, ergreift dessen Bein und führt es langsam nach oben, bis der Dehnreiz an der Oberschenkelrückseite spürbar ist.

PI: P1 drückt das gesamte Bein gegen die Hände von P2 (isometrische An-spannung).

P1 löst die Anspannung und setzt die Beweglichkeitsübung wie oben be-schrieben fort.

Üben Sie das andere Bein entsprechend gegengleich.

Rollenwechsel.

Varianten
• P1 dreht das gestreckte Bein nach außen (bzw. innen).

27

Stange/
Stufe

Ober-
schenkel-
rückseite

PI
Effekt

Der Übende legt ein Bein gestreckt auf die Stange (z. B. der Zuschauerumrandung). Die Zehen werden nicht angezogen! Gehen Sie anschließend mit möglichst geradem Oberkörper über das Bein, bis der Dehnreiz spürbar ist.

PI: Drücken Sie das gesamte Bein gegen die Stange nach unten (isometrische Anspannung).

Lösen Sie die Anspannung und setzen Sie das Beweglichkeitstraining fort, indem sich der Oberkörper weiter nach vorne neigt.

Üben Sie die andere Seite entsprechend gegengleich.

Varianten
- Drehen Sie die Fußspitze nach innen und drücken Sie erst dann das Bein nach unten gegen die Stange.
- Drehen Sie die Fußspitze nach außen und drücken Sie erst dann das Bein unten gegen die Stange.

Lösen Sie nach jedem Durchgang die Anspannung vollkommen und gehen Sie mit dem Oberkörper weiter über das gestreckte Bein.

Stange/
Stufe

Ober-
schenkel-
rückseite

Adduk-
toren

PI
Effekt

Der Trainierende steht seitlich neben der Stange und spreizt das linke Bein, sodass es auf der Stange liegt (z. B. der Zuschauerumrandung). Anschließend neigt der Rumpf über das Bein, bis der Dehnreiz spürbar ist.

PI: Drücken Sie das gesamte Bein nach innen gegen die Stange (isometrische Anspannung).

Lösen Sie die Anspannung und setzen Sie das Beweglichkeitstraining fort, indem sich der Oberkörper weiter nach vorne neigt.

Üben Sie die andere Seite entsprechend gegengleich.

Variante
Drehen Sie die Fußspitze etwas nach oben und drücken Sie erst dann das Bein nach unten gegen die Stange.

P1 liegt in Rückenlage und legt ein Bein auf die Schulter von P2, der hinter dem angehobenen Bein kniet. P2 fixiert mit den Händen das Kniegelenk und streckt langsam das Bein von P1, bis der Dehnreiz deutlich spürbar ist.

PI: P1 drückt das gestreckte Bein gegen die Schulter von P2 (isometrische Anspannung).

P1 löst die Anspannung, und P2 streckt sanft das Bein weiter.

Wiederholen Sie diesen Vorgang.

Üben Sie entsprechend mit dem anderen Bein.

Hinweise

- Die Zehen sollen während der Übung nicht angezogen werden.
- Bei Fußballern ist die Oberschenkelrückseite häufig stark «verkürzt». Gehen Sie deswegen vorsichtig in die Ausgangsposition. Der PI-EFFEKT ist bei dieser Beweglichkeitsübung dafür sehr wirksam. Ein Ziel ist, die Senkrechte zu erreichen.

Varianten

- P1 dreht das gesamte Bein nach außen.
- P1 dreht das gesamte Bein nach innen.

Oberschenkel-rückseite

PI
Effekt

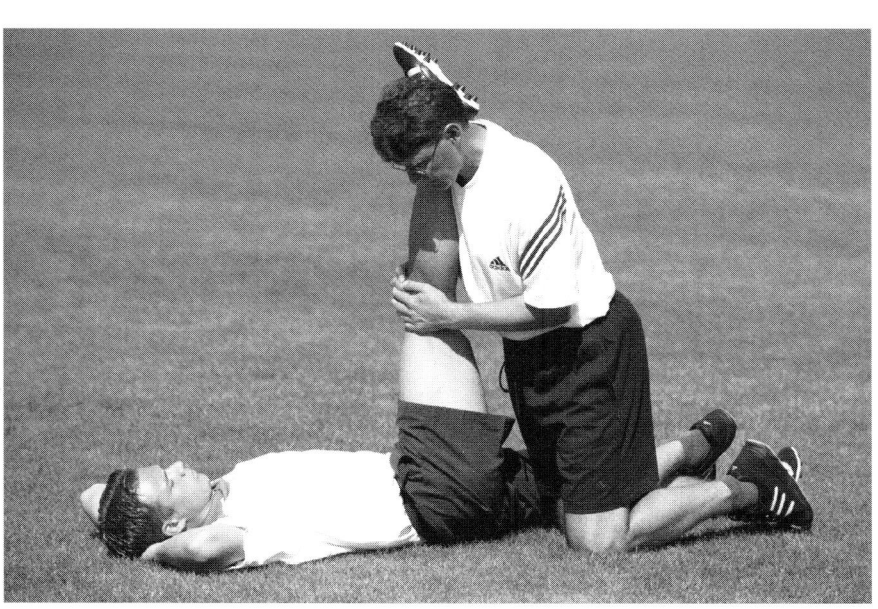

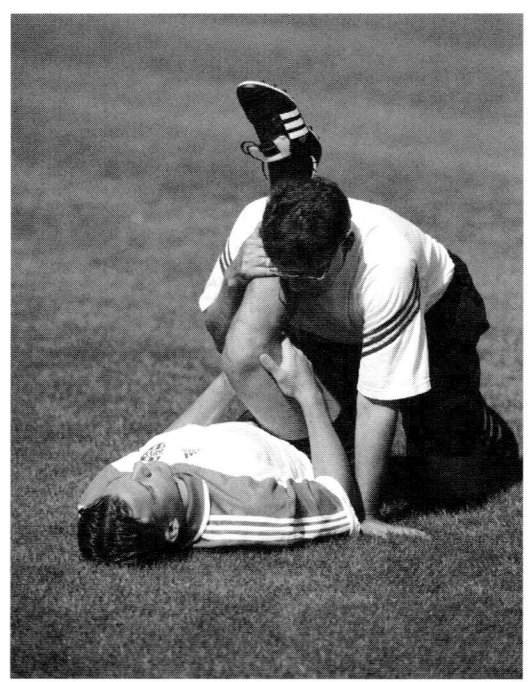

P1 liegt in Rückenlage und beugt das rechte Bein maximal, sodass der Oberschenkel über dem Oberkörper liegt. Beide Hände umgreifen den Oberschenkel und fixieren das Bein. P2 kniet vor P1 und streckt mit der Schulter langsam den Unterschenkel von P1, bis in der Tiefe der Oberschenkelrückseite der Dehnreiz deutlich spürbar ist.

PI: P1 drückt das gestreckte Bein gegen die Hand von P2 und anschließend nach oben (isometrische Anspannung).

P1 löst die Anspannung, und P2 streckt sanft das Bein weiter.

Üben Sie entsprechend mit dem anderen Bein.

Hinweis
Dieser Anteil der ischiocruralen Muskelgruppe wird oft beim Beweglichkeitstraining vergessen. Deswegen ist genau dieser Muskel häufig verletzt.

Varianten
- P1 dreht das Bein und den Unterschenkel mehr nach außen.
- P1 dreht das Bein und den Unterschenkel mehr nach innen.

Führen Sie aus dem Kniestand heraus ein Bein gebeugt nach vorne und strecken Sie das Bein ganz durch. Mit geradem Rücken gehen Sie langsam über das Bein, bis der Dehnreiz deutlich spürbar ist.

PI: Drücken Sie das vordere Bein nach unten gegen den Boden und ziehen Sie es mit der Ferse in Richtung Körper (isometrische Anspannung).

Lösen Sie die Anspannung und gehen Sie weiter über das gestreckte Bein.

Üben Sie die andere Seite entsprechend gegengleich.

Varianten

Sie sollten darauf achten, mit dem PI-Effekt die verschiedenen Muskelanteile abzurufen.
* Drehen Sie das Bein nach innen.
* Drehen Sie das Bein nach außen.
* Legen Sie die gesamte Fußsohle auf den Boden.

P1 steht aufrecht, lehnt sich gegen den Torpfosten (Zaun) und zieht mit beiden Armen den Oberschenkel maximal zum Oberkörper. P2 steht vor P1, ergreift den Unterschenkel und führt ihn langsam nach oben, bis der Dehnreiz an der Oberschenkelrückseite spürbar ist.

> **PI:** P1 drückt den Unterschenkel gegen die Hände von P2 nach oben (isometrische Anspannung).

P1 löst die Anspannung und wiederholt die Beweglichkeitsübung wie oben beschrieben.

Üben Sie das andere Bein entsprechend gegengleich.

Rollenwechsel.

Hinweise
Dieser Anteil der ischiocruralen Muskelgruppe wird beim Beweglichkeitstraining häufig nicht berücsichtigt. Besonders in der nasskalten Jahreszeit bewährt sich die dargestellte Variante im Stehen, ansonsten ist die Übungsposition im Liegen stabiler.

Überkreuzen Sie die Beine und beugen Sie den Rumpf mit geradem Rücken langsam nach vorne, bis der Dehnreiz deutlich spürbar ist.

PI: Drücken Sie das hintere Bein gegen das vordere und die Fersen gegen den Boden (isometrische Anspannung).

Lösen Sie die Anspannung und beugen Sie mit Armunterstützung den Rumpf weiter in Richtung Boden.

Wechseln Sie die Beinstellung und wiederholen Sie die Übung.

Hinweis
Personen mit akuten Lendenwirbelsäulenproblemen sollten eine andere Beweglichkeitsübung für die Oberschenkelrückseite wählen. Wird die Übung jedoch sehr langsam ausgeführt, sind die Zugspannungen im Lendenwirbelsäulenbereich vertretbar.

Aus der Hocke mit überkreuzten Beinen richten Sie sich langsam auf, bis die Beine ganz gestreckt sind, und führen Sie den Rumpf sanft nach unten.

PI: Drücken Sie das hintere Bein gegen das vordere und die Fersen gegen den Boden (isometrische Anspannung).

Lösen Sie die Anspannung und beugen Sie den Rumpf weiter in Richtung Boden.

Wechseln Sie die Beinstellung und wiederholen Sie die Übung.

Hinweis

Personen mit akuten Lendenwirbelsäulenproblemen sollten eine andere Beweglichkeitsübung für die Oberschenkelrückseite wählen. Wird die Übung langsam ausgeführt, sind die Zugspannungen im Lendenwirbelsäulenbereich vertretbar.

Aus der Bankstellung heraus gehen die Arme in die Unterarmliegestützposition. Führen Sie die Knie mit den Unterschenkeln nach außen und das Becken nach vorne, bis Sie den Dehnreiz spüren.

PI: Schieben Sie die Beine nach unten-innen, ohne dass eine Bewegung zustande kommt (isometrische Anspannung).

Lösen Sie die Anspannung und setzen Sie das Beweglichkeitstraining wie oben beschrieben fort.

Variante
Indem der Übende das Becken unterschiedlich mal mehr nach rechts, mal mehr nach links schiebt, können einzelne Adduktorenanteile intensiver trainiert werden.

Führen Sie die Beine aus der Seit-grätschstellung heraus maximal seit-lich, bis Sie den Dehnreiz spüren.

PI: Schieben Sie die Beine nach innen («falte den Boden mit den Beinen»), ohne dass eine Bewegung zustande kommt (isometrische Anspannung).

Lösen Sie die Anspannung und setzen Sie das Beweglichkeitstraining wie oben beschrieben fort, indem Sie die Beine weiter auseinander schieben.

Variante
Stützen Sie sich mit den Händen am Boden ab.

In Seitgrätschstellung stellen Sie das rechte Bein deutlich seitlich und beugen Sie das linke Bein, bis an der Innenseite des rechten Beines der Dehnreiz spürbar ist.

PI: Drücken Sie das rechte Bein und den rechten Innenfuß in Richtung linkes Standbein nach innen-unten (isometrische Anspannung).

Lösen Sie die Anspannung und setzen Sie das Beweglichkeitraining wie oben beschrieben fort.

Üben Sie die andere Seite entsprechend gegengleich.

Adduk-
toren

Ober-
schenkel-
rückseite

PI
Effekt

In Seitgrätschstellung stellen Sie das rechte Bein deutlich seitlich, drehen das Bein etwas nach oben, sodass die Zehen sich vom Boden lösen, und beugen Sie das linke Bein, bis an der Rück- bzw. Innenseite des rechten Beines der Dehnreiz spürbar ist.

PI: Drücken Sie das rechte Bein und den rechten Innenfuß in Richtung linkes Standbein nach innen-unten (isometrische Anspannung).

Lösen Sie die Anspannung und setzen Sie das Beweglichkeitstraining wie oben beschrieben fort.

Üben Sie die andere Seite entsprechend gegengleich.

Variante
Je nachdem, wie stark das Bein gedreht wird, werden unterschiedliche Muskelbereiche trainiert.

P1 liegt in Rückenlage und streckt beide Beine senkrecht in die Höhe, die Knie sind ganz durchgedrückt. P2 spreizt langsam beide Beine von P1 seitlich, bis der Dehnreiz spürbar ist.

PI: P1 drückt die Beine zuerst gegen die Hände von P2 und anschließend gegen die Unterschenkel von P2 (isometrische Anspannung).

Lösen Sie die Anspannung und setzen Sie das Beweglichkeitstraining fort.

Wechseln Sie die Positionen.

Vorsicht
Gehen Sie langsam in die Dehnposition! Die Person, die am Boden liegt, gibt ständig Rückmeldung.

Varianten
- P1 dreht die Beine und Füße vor dem Beweglichkeitstraining weiter nach außen.
- P1 dreht die Beine und Füße vor dem Beweglichkeitstraining weiter nach innen.

P1 liegt in Rückenlage. P2 kniet vor den Füßen von P2. P1 winkelt beide Beine so an, dass die Fußsohlen aneinander gelegt werden können. P2 drückt an den Knien beide Beine sanft nach unten, bis der Dehnreiz deutlich spürbar ist.

**Adduk-
toren**

PI: P1 drückt die Knie gegen die Hände von P2 nach oben (isometrische Anspannung).

**PI
Effekt**

Lösen Sie die Anspannung und setzen Sie das Beweglichkeitstraining wie oben beschrieben fort.

Hinweis

Die Adduktoren sind eine Muskelgruppe. Deswegen kann mit einer einzelnen Beweglichkeitsübung nicht die gesamte Adduktorengruppe ins Beweglichkeitstraining einbezogen werden.

Varianten

Die Winkelstellung von P1 muss variieren. Füße liegen dicht am Gesäß aneinander, Füße liegen in weiterer Winkelstellung vom Gesäß entfernt, und Füße liegen weit weg vom Gesäß aneinander.

Winkeln Sie beide Beine in Rückenlage
so an, dass die Fußsohlen aneinander
gelegt werden können. Die Füße fixieren das Seil in der Mitte, das oberhalb
des Kniegelenks am Oberschenkel verläuft. Die Seilenden werden von den
Händen gehalten. Die Arme drücken
das Seil seitlich zum Boden, bis der
Dehnreiz deutlich spürbar ist.

PI: Die Beine (Knie) drücken gegen
das Seil nach oben (isometrische Anspannung).

Lösen Sie die Anspannung und setzen
Sie das Beweglichkeitstraining wie
oben beschrieben fort.

Varianten
Die Winkelstellung von P1 muss variieren. Füße liegen dicht am Gesäß aneinander, Füße liegen in weiterer Winkelstellung vom Gesäß entfernt aneinander und Füße weit weg vom Gesäß
aneinander.

P1 und P2 stehen sich gegenüber. Beide Übende spreizen bei möglichst aufrechtem Oberkörper die Beine langsam maximal auseinander und stabilisieren sich dabei gegenseitig an den Armen.

PI: Schieben Sie die Beine nach innen, ohne dass eine Bewegung sichtbar ist (isometrische Anspannung).

Lösen Sie die Anspannung und setzen Sie das Beweglichkeitstraining wie oben beschrieben fort.

Variante
Durch leichtes Aufrichten bzw. Verschieben der Hüfte können unterschiedliche Adduktorenanteile trainiert werden.

BEWEGLICHKEIT RUMPF-MUSKULATUR

Die Hände umfassen den Ball. In Seit-grätschstellung führen Sie die Arme über den Kopf und neigen den Rumpf seitlich.

PI: Beide Arme / Hände drücken gegen den Ball (isometrische Anspannung).

Lösen Sie die Anspannung und neigen Sie Rumpf und Arme weiter seitlich.

Üben Sie die andere Seite entsprechend gegengleich.

Hinweis
Bleiben Sie im Becken-Hüft-Bereich fixiert. Weichen Sie nicht mit der Hüfte nach vorne oder nach hinten aus.

Seitliche Rumpf-muskula-tur/Schul-ter-Arm-Bereich

**PI
Effekt**

Seitliche
Rumpf-
muskula-
tur/Schul
ter-Arm-
Bereich

PI
Effekt

In leichter Seitgrätschstellung klemmen die Unterschenkel einen Ball ein, und die Hände greifen das mehrfach gefaltete Seil. Führen Sie die Arme über den Kopf und neigen Sie den Rumpf seitlich, bis Sie den Dehnreiz spüren.

PI: Ziehen Sie die Seilenden «auseinander» (isometrische Anspannung).

Lösen Sie die Anspannung und neigen Sie Rumpf und Arme weiter seitlich.

Üben Sie die andere Seite entsprechend gegengleich.

Hinweis
Durch das Fixieren des Balles wird der Becken-Hüft-Bereich stabilisiert. Weichen Sie nicht mit der Hüfte nach vorne oder hinten aus.

Seitliche
Rumpf-
muskula-
tur/Schul-
ter-Arm-
Bereich

PI
Effekt

Im Schneidersitz liegt der Ball seitlich neben dem Rumpf am Boden. Rotieren Sie den Rumpf über den Ball und umgreifen Sie mit den Händen den Ball. Neigen Sie den Rumpf und die Stirn zum Ball.

PI: Drücken Sie die Hände gegen den Ball, drücken Sie die Schulterblätter sanft gegeneinander und schieben Sie den oberen Rumpfbereich nach oben (isometrische Anspannung).

Lösen Sie die Anspannung und führen Sie den Oberkörper und die Stirn weiter in Richtung Ball (Boden).

Üben Sie die andere Seite entsprechend gegengleich.

Hinweis
Üben Sie nicht ruckartig. Das Becken bleibt während der ganzen Übung fixiert, d. h., das Gesäß soll sich beim Beweglichkeitstraining nicht vom Boden lösen.

46

Seitliche
Rumpf-
muskula-
tur

Adduk-
toren

PI
Effekt

Aus dem Kniestand heraus stellen Sie ein Bein seitlich. Strecken Sie die Arme mit dem Ball in den Händen über den Kopf. Beugen Sie den Rumpf über das ausgestellte Bein, bis der Dehnreiz an der seitlichen Rumpfmuskulatur deutlich spürbar ist.

PI: Drücken Sie die Arme zusammen und drücken Sie gleichzeitig das ausgestellte Bein nach innen gegen den Boden (isometrische Anspannung).

Lösen Sie die Anspannung und setzen Sie das Beweglichkeitstraining wie oben beschrieben fort.

Üben Sie die andere Seite entsprechend gegengleich.

Sie stehen seitlich und legen das innere Bein seitlich auf die Stange (z. B. das Geländer). Beugen Sie den Rumpf über das ausgestellte Bein und führen Sie beide Arme, die ein Seil halten, über das ausgestellte Bein, bis der Dehnreiz an der seitlichen Rumpfmuskulatur spürbar ist.

PI: Ziehen Sie das Seil auseinander und drücken Sie das aufliegende Bein gegen die Stange nach unten (isometrische Anspannung).

Lösen Sie die Anspannung und setzen Sie das Beweglichkeitstraining wie oben beschrieben fort.

Üben Sie die andere Seite entsprechend gegengleich.

47

Seitliche Rumpf-muskula-tur

Adduk-toren

PI
Effekt

Geländer/
Stange

Stehen Sie mit gebeugten Knien in gut geöffneter Seitgrätschstellung. Die Hände halten einen Ball. Führen Sie die Arme und den Rumpf durch die Beine, bis der Dehnreiz deutlich spürbar ist.

PI: Drücken Sie die Arme gegen den Ball, die Schulterblätter sanft gegeneinander und den oberen Rumpf nach oben (isometrische Anspannung).

Lösen Sie die Anspannung und schieben Sie den Ball weiter nach hinten oben («lege den Ball auf den Rücken»).

Hinweise
- Achten Sie bei dieser Übung besonders darauf, dass der Atem nie angehalten wird (Pressatmung)!
- Das Kinn darf bei dieser Übung in Richtung Brustbein eingerollt werden.

In leichter Seitgrätschstellung klemmen die Unterschenkel einen Ball ein, und Sie gehen mit beiden Händen an den Hinterkopf. Drehen Sie langsam den Rumpf nach rechts, bis Sie den Widerstand wahrnehmen.

PI: Drücken Sie den Rumpf «im Block» nach hinten gegen die Hände (isometrische Anspannung).

Lösen Sie die Anspannung und setzen Sie die Rumpfdrehung in dieselben Richtungen fort, bis Sie erneut den Dehnreiz wahrnehmen.

Üben Sie die anderen Drehrichtungen entsprechend.

Hinweis

Durch das Fixieren des Balles wird der Becken-Hüft-Bereich stabilisiert. Weichen Sie nicht mit der Hüfte nach vorne oder hinten aus.

49

Rücken-muskula-tur

**PI
Effekt**

Rücken-
muskula-
tur

PI
Effekt

Stehen Sie mit gebeugten Knien in gut geöffneter Seitgrätschstellung. Führen Sie die Arme und den Rumpf durch die Beine, bis der Dehnreiz deutlich spürbar ist.

PI: Drücken Sie die Arme gegen die Beine und umgekehrt, die Schulterblätter sanft gegeneinander und den oberen Rumpf nach oben (isometrische Anspannung).

Lösen Sie die Anspannung und schieben Sie den Rumpf weiter zwischen die Beine hindurch (den Rücken anschauen).

Hinweise
- Achten Sie bei dieser Übung besonders darauf, dass der Atem nie angehalten wird (Pressatmung)!
- Das Kinn darf bei dieser Übung in Richtung Brustbein eingerollt werden.

51

Rücken-
muskula-
tur

PI
Effekt

P1 steht mit gebeugten Knien in gut geöffneter Seitgrätschstellung und führt die Arme und den Rumpf durch die Beine. P2 ergreift die Arme und zieht sanft, bis der Dehnreiz deutlich spürbar ist.

PI: P1 zieht die Arme zurück, die aber von P2 gehalten werden, und drückt die Schulterblätter sanft gegeneinander und den oberen Rumpf nach oben (isometrische Anspannung).

Die Anspannung wird gelöst, und P2 zieht den Rumpf schonend weiter zwischen die Beine hindurch.

Rollenwechsel.

Hinweise

- Achten Sie bei dieser Übung besonders darauf, dass der Atem nie angehalten wird (Pressatmung).
- Das Kinn darf bei dieser Übung in Richtung Brustbein eingerollt werden.

Rücken-
muskula-
tur/Ge-
säßmus-
kulatur

PI
Effekt

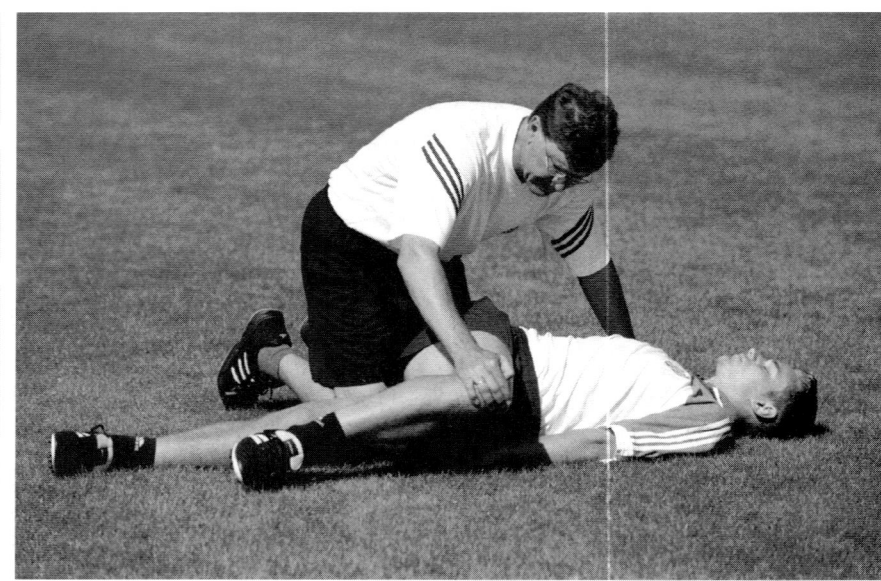

In Rückenlage winkelt P1 das rechte
Bein an. P2 fixiert die rechte Schulter
und drückt das Bein auf die linke Seite
sanft in Richtung Boden.

PI: P1 drückt die Knie gegen die haltende Hand von P2 und den Rumpf
gegen den Boden (isometrische Anspannung).

P1 löst die Anspannung und P2 drückt
das Knie weiter nach unten.

Kehren Sie in die Ausgangsposition zurück und üben Sie das andere Bein entsprechend.

Rollenwechsel.

Variante
P1 beugt das Bein noch mehr zum
Oberkörper, bevor P2 es vorsichtig in
Richtung Boden drückt.

Drehen Sie in Rückenlage – die Arme liegen dabei auf Schulterhöhe seitlich – das Becken, bis der Dehnreiz im Lendenwirbel- und Rückenbereich spürbar ist.

PI: Drücken Sie Arme und Gesäß gegen den Boden (isometrische Anspannung).

Lösen Sie die Anspannung und setzen Sie das Beweglichkeitstraining wie oben beschrieben vorsichtig fort.

Üben Sie die andere Seite entsprechend gegengleich.

Variante
Drehen Sie den Kopf in die Gegenrichtung.

54

Gesäß-
muskula-
tur

Rücken-
muskula-
tur

PI
Effekt

In Rückenlage führen Sie das abgewinkelte rechte Bein nach außen über das
gestreckte linke Bein und drücken es
mit der linken Hand sanft in Richtung
Boden.

PI: Drücken Sie das obere Knie gegen
die haltende Hand und den Rumpf
gegen den Boden (isometrische Anspannung).

Lösen Sie die Anspannung und drücken Sie das Knie weiter nach unten.

Kehren Sie in die Ausgangsposition zurück und üben Sie die andere Seite entsprechend.

Varianten
- Strecken Sie den Gegenarm über
  den Kopf nach oben und drehen Sie
  den Kopf in die Gegenrichtung.
- Beugen Sie das Bein noch mehr zum
  Oberkörper, bevor Sie es gegen den
  Boden drücken.

Gesäß-
muskula-
tur

Rücken-
muskula-
tur

PI
Effekt

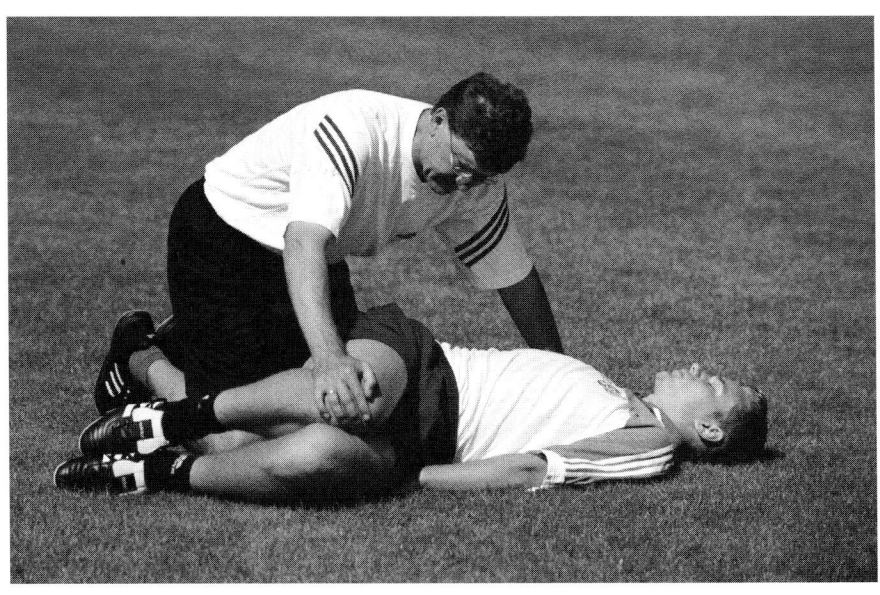

In Rückenlage winkelt P1 beide Beine an. P2 fixiert die rechte Schulter und drückt beide Beine auf die linke Seite sanft in Richtung Boden.

PI: P1 drückt die Knie gegen die haltende Hand von P2 und den Rumpf gegen den Boden (isometrische Anspannung).

P1 löst die Anspannung, und P2 drückt die Knie weiter nach unten.

Kehren Sie in die Ausgangsposition zurück und üben Sie die andere Seite entsprechend.

Rollenwechsel.

Variante
P1 beugt die Beine noch mehr zum Oberkörper, bevor P2 sie vorsichtig in Richtung Boden drückt.

**Rücken-
muskula-
tur/Ge-
säßmus-
kulatur**

**Ober-
schenkel-
rückseite**

**PI
Effekt**

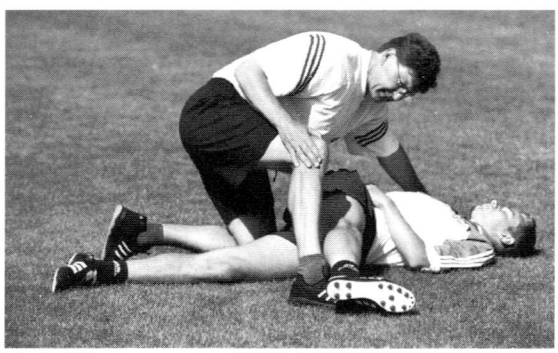

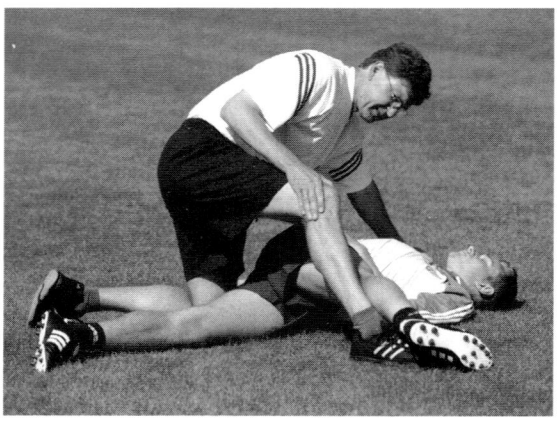

In Rückenlage winkelt P1 das rechte Bein und führt es über das linke zum Boden. P2 fixiert die rechte Schulter. P1 streckt das rechte Bein und führt es, unterstützt von P2, in Richtung linke Schulter, bis der Dehnreiz an der Oberschenkelrückseite deutlich spürbar ist.

PI: P1 drückt das Bein nach unten gegen das stehende Bein von P2 (isometrische Anspannung).

P1 löst die Anspannung, und P2 drückt das Bein sanft weiter in Richtung Schulter.

Kehren Sie in die Ausgangsposition zurück und üben Sie die andere Seite entsprechend.

Rollenwechsel.

Variante
P1 beugt die Beine noch mehr zum Oberkörper, bevor P2 sie vorsichtig in Richtung Boden drückt.

BEWEGLICHKEIT SCHULTER-, ARM-, OBERER RUMPF-BEREICH

Stehen Sie mit 0,5 – 1 m Abstand seitlich neben einer Stange (z. B. Torpfosten). Legen Sie die Hand auf die Stange und gehen Sie mit der Schulter nach vorne, bis Sie den Dehnreiz spüren.

PI: Drücken Sie mit dem Arm gegen die Stange (isometrische Anspannung).

Lösen Sie die Anspannung und setzen Sie das Beweglichkeitstraining fort, indem Sie die Schulter weiter nach vorne schieben.

Üben Sie die andere Seite entsprechend gegengleich.

Variante
Die Hand lagert oberhalb bzw. unterhalb der Schulterachse an der Stange. Der Trainingsablauf bleibt wie oben beschrieben.

Brust-
und
Schulter-
Arm-Mus-
kulatur

PI
Effekt

Aus der schulterbreit geöffneten Knie-stellung heraus schieben Sie das Gesäß weit nach hinten. Ein Arm lagert seit-lich auf dem Ball. Führen Sie die Schul-ter nach unten und rotieren Sie den Rumpf seitlich, bis Sie den Dehnreiz spüren.

> **PI:** Drücken Sie den gestreckten Arm nach unten und die Hand gegen den Ball (isometrische Anspannung).

Lösen Sie die Anspannung und setzen Sie das Beweglichkeitstraining fort, in-dem Sie die Schulter nachschieben und den Rumpf weiter aufdrehen.

Trainieren Sie mit dem anderen Arm ebenso.

Variante
Der Ball mit dem Arm wird weiter nach oben bzw. nach unten versetzt.

Hinweis
Die unterschiedlichen Winkelstellun-gen der Arme bewirken, dass verschie-dene Anteile der Brust- und Schulter-muskulatur beim Beweglichkeitstrai-ning berücksichtigt werden.

Rumpf-
und
Schulter-
Arm-Mus-
kulatur

PI
Effekt

Aus der schulterbreit geöffneten Knie-
stellung heraus schieben Sie das Gesäß
weit nach hinten. Die Arme sind gestreckt, und die Hände lagern übereinander auf dem Ball. Führen Sie die
Schultern nach hinten-unten und rotieren Sie den Rumpf seitlich, bis Sie
den Dehnreiz spüren.

PI: Drücken Sie die gestreckten Arme
nach unten und die Hände gegen den
Ball (isometrische Anspannung).

Lösen Sie die Anspannung und setzen
Sie das Beweglichkeitstraining fort, indem Sie den Rumpf in dieselbe Richtung weiter rotieren.

Varianten
• Wechseln Sie die Drehrichtung.
• Nehmen Sie die andere Hand nach
 oben.

Rumpf-
und
Schulter-
Arm-Mus-
kulatur

PI
Effekt

Aus der schulterbreit geöffneten Knie-
stellung heraus schieben Sie das Gesäß
weit nach hinten. Die Arme sind gestreckt, und die Hände lagern übereinander auf dem Ball. Der Ball lagert
nicht in der Achse direkt, sondern
leicht seitlich über dem Kopf. Führen
Sie die Schultern nach hinten-unten
und rotieren Sie den Rumpf seitlich,
bis Sie den Dehnreiz spüren.

PI: Drücken Sie die gestreckten Arme
nach unten und die Hände gegen den
Ball (isometrische Anspannung).

Lösen Sie die Anspannung und setzen
Sie das Beweglichkeitstraining fort, indem Sie den Rumpf in dieselbe Richtung weiter rotieren.

Varianten
- Wechseln Sie die Drehrichtung.
- Nehmen Sie die andere Hand nach
  oben.

Hinweis
Die unterschiedlichen Winkelstellun-
gen der Arme bewirken, dass verschiedene Rumpfmuskeln beim Beweglichkeitstraining berücksichtigt werden.

Obere
Rumpf-
und Schul-
ter-Arm-
Muskula-
tur

PI
Effekt

Aus der schulterbreit geöffneten Knie-
stellung heraus schieben Sie das Gesäß
weit nach hinten. Die Arme sind gestreckt, und die Hände lagern auf dem
Ball. Führen Sie die Schultern nach
hinten-unten, bis Sie den Dehnreiz
spüren.

PI: Drücken Sie die gestreckten Arme
nach unten und die Hände gegen den
Ball (isometrische Anspannung).

Lösen Sie die Anspannung und setzen
Sie das Beweglichkeitstraining wie
oben beschrieben fort.

Variante
Legen Sie den Ball seitlich links
(rechts) über den Kopf.

In Seitgrätschstellung lagert der Ball vor dem Rumpf in den gestreckten Armen. Drehen Sie die Arme, sodass ein Handrücken nach oben, der andere nach unten gerichtet ist. Führen Sie langsam die Arme nach vorne und nähern Sie die Schultern vor dem Körper einander an, bis der Dehnreiz deutlich spürbar ist.

PI: Drücken Sie mit beiden Händen gegen den Ball (isometrische Anspannung).

Lösen Sie die Anspannung und setzen Sie das Beweglichkeitstraining wie oben beschrieben fort.

Varianten

- Schieben Sie die Arme nicht geradlinig, sondern nach rechts bzw. links versetzt nach vorne-unten.
- Drehen Sie die Armposition um 180 Grad, sodass der andere Handrücken nach oben zeigt.

STABILISATION
SPRUNGGELENK

**Abduk-
toren/
Adduk-
toren**

**Stabili-
sation
Fuß-
gelenk**

Das Physioband ist mit dem Clip verbunden und fest fixiert.

Ziehen Sie die Zehen vom rechten Bein
an, legen Sie das Physioband um den
Vorderfuß und ziehen Sie das Bein vor
dem Körper seitlich. Trainieren Sie
nicht ruckartig! Das Fußgelenk soll dabei fixiert bleiben. 6–8 Wiederholungen.

2–4 Serien.

Beinwechsel.

Tipps
- Eine geeignete Vorübung in der Aufwärmphase ist, wenn der Ball nur
  mit der Außenseite um Markierun-
  gen gedribbelt wird.
- Der Ball wird neben der Markierung
  mit der Fußsohle zurückgezogen
  und mit dem Außenspann vorbeige-
  spielt.

Das Physioband ist mit dem Clip verbunden und fest fixiert.

P1 steigt in das Physioband, sodass sein Bein die Fixierung ist. P2 zieht die Zehen vom rechten Bein an, legt das Physioband um den Vorderfuß und zieht das Bein vor den Körper seitlich. Das Fußgelenk soll dabei fixiert bleiben.

6 bis 8 Wiederholungen.

Beinwechsel – Rollentausch.

Hinweise
- Trainieren Sie nicht ruckartig!
- Anstatt durch den Partner kann das Physioband auch an einer Stange, an einem Torpfosten oder Geländer fixiert werden.

Legen Sie ein Seil neben den Ball. Krallen Sie mit den Zehen das Seil, transportieren Sie es über den Ball und legen Sie das Seil auf der anderen Ballseite auf den Boden.

Variante
Zwei Spieler stehen sich gegenüber oder nebeneinander. P1 «krallt» das Seil mit den Zehen und übergibt das Seil in der Luft P2.

66

Stabili-
sation
Fuß-
gelenk

Gleich-
gewicht

Halten Sie die Balance auf dem Sportkreisel. Gehen Sie in den maximalen
Zehenstand und wieder zurück, ohne
dass der Kreisel verlassen wird.

Varianten
* Barfüßig trainieren.
* Der Übende soll einbeinig auf dem
  Sportkreisel im Zeitlupentempo in
  den maximalen Zehenstand und
  wieder tiefer gehen – Beinwechsel.
* Stellen Sie zwei Sportkreisel übereinander und gehen Sie in den Zehenstand.

Hinweis
Achten Sie darauf, dass der Untergrund
nicht zu glatt ist.

Fußballtennis auf dem Beachvolley-
ballfeld.
- Ein Baustellenband kann das Netz
  ersetzen.
- Die Spielfeldgröße kann entsprechend der Spielerzahl je Partei (1:1,
  2:2, 3:3, 4:4) variiert werden.

Hinweise
- Kinder sollten erst miteinander spielen, bevor sie sich gegeneinander
  vergleichen.
- Spielen Sie mit Pflichtkontakten, damit auch Fußball und nicht nur
  Tennis gespielt wird:
  – Der Ball muss von mindestens
  2 Personen berührt worden sein, bevor er hinübergespielt werden darf.
  – Der Spieler muss mindestens
  2 Ballkontakte haben, bevor der Ball
  zum Mitspieler oder über das Netz
  gespielt werden darf.

Varianten
- Kinder können mit einem Wasser-
  ball prima spielen.
- Ältere Kinder bevorzugen einen
  leichteren «Fußball».

67

**Stabili-
sation
Fuß-
gelenk**

68

**Hand-
tuch**

**Stabili-
sation
Fuß-
gelenk**

**Stabili-
sation
Knie**

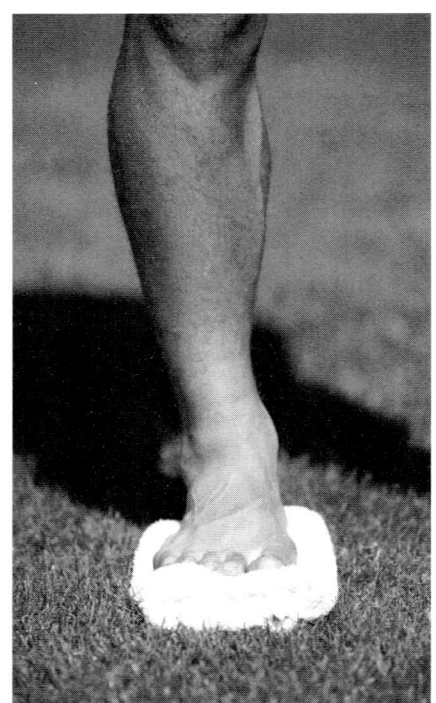

Legen Sie ein mehrfach gefaltetes
Handtuch auf den Rasen und halten
Sie auf diesem einbeinig stehend das
Gleichgewicht. Beugen Sie das Stand-
bein, ohne umzufallen.

Variante
Verlagern Sie den Körperschwerpunkt
und versuchen Sie trotzdem das Handtuch nicht zu verlassen.

69

Stabili-
sation
Kniege-
lenk

Gleich-
gewicht

2 Sportkreisel

Legen Sie zwei Sportkreisel mit der flachen Seite aufeinander. Halten Sie einbeinig die Balance auf dem Sportkreisel. Beugen Sie das Bein und kehren Sie wieder in die Ausgangsstellung zurück, ohne dass der Kreisel verlassen wird.

Hinweise

*   Je nachdem, welche Sportkreisel benutzt werden, rutschen die Auflageflächen. Wenn Sie ein Physioband zwischen beide Kreiselflächen legen, haben Sie diese Gefahr gebannt.
*   Diese Übung ist sehr anspruchsvoll und deswegen für Kinder und Ungeübte nur bedingt geeignet.

Varianten

*   Stehen Sie einbeinig auf zwei übereinander liegenden Kreiseln und beugen Sie langsam das Bein.
*   Beinwechsel

70

Stabili-
sation
Knie-
gelenk

Stabili-
sation
Fuß-
gelenk

Gleich-
gewicht

STABILISATION KNIEGELENK

Halten Sie beidbeinig die Balance auf dem Sportkreise und heben Sie die Fersen an. Beugen Sie beide Beine, verharren Sie ein paar Sekunden in der Hocke und kehren Sie wieder in die Ausgangsstellung zurück, ohne dass der Kreisel verlassen wird.

Varianten
- Barfüßig auf dem Kreisel üben.
- Dieselbe Übung einbeinig trainieren
- Verlagern Sie in der gebeugten Standposition das Gewicht, sodass der Sportkreisel kippt, bleiben Sie aber dennoch auf dem Kreisel stehen. Verlagern Sie erneut den Körperschwerpunkt, um in die Normalposition zurückzukehren – Beinwechsel.

Springen Sie mit dem linken Bein über zwei Seile mit dem Abstand von ca. 1 Meter und landen Sie auf dem rechten Bein. Fangen Sie den Schwung bei der Landung weich auf dem Vorderfuß ab, sodass die Position 1 bis 2 Sekunden gehalten werden kann und dabei kein weiterer Ausfallschritt notwendig wird. Springen Sie wieder mit derselben Aufgabenstellung zurück.

8 bis 12 Wiederholungen.

Varianten

- Einbeinig links springen – links landen.
- Einbeinig rechts springen – rechts landen.
- Beidbeinig springen und landen.
- Dieselbe Übung auf Sand oder einer Weichbodenmatte trainieren.

Hinweis

Wenn es die Witterung zulässt, soll der Übende barfüßig trainieren.

Stabilisation Fußgelenk

Stabilisation Kniegelenk

Gleichgewichts- und räumliche Orientierungsfähigkeit

**Stabili-
sation
Fuß-
gelenk**

**Stabili-
sation
Knie-
gelenk**

**Gleich-
gewichts-
und räum-
liche
Orien-
tierungs-
fähigkeit**

Springen Sie beidbeinig über zwei Seile mit dem Abstand von ca. 1 Meter und landen Sie wieder beidbeinig. Führen Sie in der Luft eine halbe Drehung aus. Fangen Sie den Schwung bei der Landung weich auf dem Vorderfuß ab, sodass die Position 1 bis 2 Sekunden gehalten werden kann und dabei kein weiterer Ausfallschritt notwendig wird.

8 bis 12 Wiederholungen.

Variante
Dieselbe Übung auf Sand oder einer Weichbodenmatte trainieren.

Hinweis
Wenn es die Witterung zulässt, soll der Übende barfüßig trainieren.

Springen Sie mit dem linken Bein über zwei Seile mit dem Abstand von ca. 1 Meter und landen Sie wieder auf dem linken Bein. Führen Sie aber in der Luft eine halbe Drehung aus. Fangen Sie den Schwung bei der Landung weich auf dem Vorderfuß ab, sodass die Position 1 bis 2 Sekunden gehalten werden kann und dabei kein weiterer Ausfallschritt notwendig wird.

8 bis 12 Wiederholungen.

Beinwechsel.

Variante
Dieselbe Übung auf Sand oder einer Weichbodenmatte trainieren.

Hinweis
Wenn es die Witterung zulässt, soll der Übende barfüßig trainieren.

73

Stabili-
sation
Fußgelenk

Stabili-
sation
Knie-
gelenk

Gleich-
gewichts-
und räum-
liche
Orien-
tierungs-
fähigkeit

**Hand-
tuch**

**Stabili-
sation
Fuß-
gelenk**

**Stabili-
sation
Knie**

Legen Sie ein mehrfach gefaltetes
Handtuch auf den Rasen und halten
Sie auf diesem einbeinig stehend das
Gleichgewicht. Springen Sie in die Luft
und landen Sie wieder auf demselben
Bein auf dem Handtuch.

Varianten
- Beinwechsel.
- Springen Sie auf dem Handtuch mit
  dem linken Bein ab und landen Sie
  mit dem rechten Bein auf dem
  Handtuch und umgekehrt.

Stehen Sie mit leicht gebeugten Beinen auf dem umgedrehten Sportkreisel. Springen Sie beidbeinig in die Höhe und landen Sie wieder auf der Kreiselrückseite, ohne anschließend den Boden zu berühren.

Varianten

- Sprung mit Anhocken und Landung auf dem umgekehrten Sportkreisel.
- Sprung mit halber Drehung und Landung auf dem umgekehrten Sportkreisel.
- Sprung mit ganzer Drehung und Landung auf dem umgekehrten Sportkreisel.

Hinweise

Tasten Sie sich langsam an die jeweilige Aufgabenstellung heran. Bei akuten Bänderverletzungen darf diese Übung nicht durchgeführt werden.

Stabilisation Fußgelenk

Stabilisation Knie

76

**Stabili-
sation
Knie**

Legen Sie zwei Sportkreisel mit der flachen Seite aufeinander. Halten Sie beidbeinig die Balance auf dem Sportkreisel. Beugen Sie die Beine und kehren Sie wieder in die Ausgangsstellung zurück, ohne dass der Kreisel verlassen wird.

Hinweise

- Je nachdem, welche Sportkreisel benutzt werden, rutschen die Auflagenflächen. Wenn Sie ein Physioband zwischen beide Kreiselflächen legen, haben Sie diese Gefahr gebannt.
- Diese Übung ist sehr anspruchsvoll und deswegen für Kinder und Ungeübte nur bedingt geeignet.

Varianten

- Halte einen Ball und strecke vollkommen die Arme in der tiefen Position in Verlängerung des Rückens.
- Stehen Sie auf zwei übereinander liegenden Kreiseln und beugen Sie langsam das Bein – Beinwechsel.

In der Bankstellung sind die Zehen
vollkommen gestreckt. Drücken Sie
den Vorderfuß gegen den Boden, sodass beide Knie sich vom Boden lösen.

Halten Sie diese Position einige Sekunden.

4 bis 10 Wiederholungen.

Variante

Wie oben, nur einbeinig (sehr anspruchsvoll!)

Hinweis

Werden die Finger leicht nach innen
gedreht und das Ellbogengelenk ein
wenig gebeugt, schont man sowohl das
Hand- als auch das Ellbogengelenk.

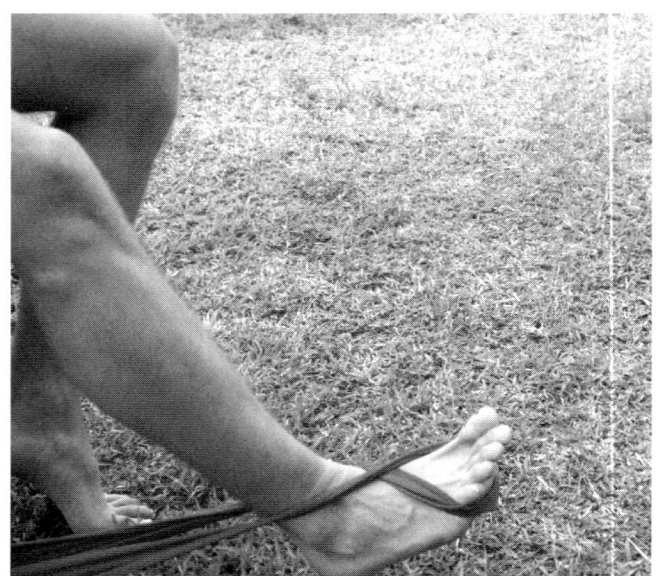

Fixieren Sie das Theraband. Legen Sie das andere Ende um den Fuß, ziehen Sie den großen Zehenbereich nach oben und strecken Sie langsam den Unterschenkel.

Hinweis

Der Widerstand sollte groß sein. Wählen Sie entsprechenden Abstand oder legen Sie das Physioband doppelt.

STABILISATION RUMPF- UND BAUCHMUSKULATUR

Fixieren Sie das Theraband mit dem Clip und legen Sie es sich 3-fach um die Füße. Legen Sie sich in Rückenlage und winkeln Sie die Beine 90 Grad im Hüft- und Kniegelenk. Ziehen Sie das Band mit dem Unterschenkeln ausein-ander und schieben Sie die Arme mit dem Ball in der Hand langsam an den Knien vorbei nach vorne-oben.

8 bis 12 Wiederholungen – Pause – an-dere Seite 8 bis 12 Wiederholungen.

2 bis 3 Serien.

Varianten

- Ball auf Brusthöhe halten (diese Übung ist für Anfänger geeignet).
- Arme mit oder ohne Ball hinter dem Kopf halten.
- Arme mit Ball über den Kopf stre-cken.

Fixieren Sie das Theraband mit dem Clip und legen Sie es sich 3-fach um die Füße. Legen Sie sich in Rückenlage und winkeln Sie die Beine 90 Grad im Hüft- und Kniegelenk. Ziehen Sie das Band mit den Unterschenkeln auseinander und schieben Sie die Arme mit dem Ball in der Hand langsam unterhalb und an den Unterschenkeln entlang nach vorne.

6 bis 12 Wiederholungen – Pause.

2 bis 3 Serien.

Variante
Dieselbe Übung ohne Physioband (diese Übung ist für Anfänger gut geeignet).

In Rückenlage winkeln Sie beide Beine
90 Grad an. Die Arme lagern mit dem
Ball in den Händen über dem Kopf.
Heben Sie den Rumpf an und schieben
Sie die Arme nach hinten-oben.

Achten Sie darauf, dass der Rumpf und
das Kinn nicht einrollen.

Variante
Der Ball wird senkrecht über dem Kopf
gehalten. Heben Sie den Rumpf so an,
dass die Stirn langsam nach oben in
Richtung Ball strebt.

Hinweise
- Die Übung ist sehr anstrengend und
  für Anfänger und Kinder nur bedingt geeignet.
- Achten Sie darauf, dass während des
  Krafttrainings weitergeatmet bzw.
  ausgeatmet wird!

In Rückenlage liegen die angewinkelten Beine mit Fersendruck am Boden. Die Arme lagern mit dem Ball in den Händen über dem Kopf. Heben Sie den Rumpf an und schieben Sie die Arme nach hinten-oben.

Achten Sie darauf, dass der Rumpf und das Kinn nicht einrollen.

Varianten

- Der Rumpf rotiert in der Endposition nach links und rechts.
- Der Ball wird senkrecht über dem Kopf gehalten. Heben Sie den Rumpf so an, dass die Stirn langsam in Richtung Ball strebt.

Hinweise

- Die Übung ist sehr anstrengend und für Anfänger und Kinder nur bedingt geeignet. Ungeübte und Kinder dürfen den Ball auch nach unten gerichtet über dem Bauch halten.
- Achten Sie darauf, dass während des Krafttrainings weitergeatmet bzw. ausgeatmet wird!

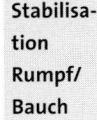
In Rückenlage winkeln Sie beide Beine mindestens 90 Grad an, die Unterschenkel sind parallel zum Boden. Ziehen Sie das Band mit den Unterschenkeln sanft etwas auseinander. Die gestreckten Arme lagern über dem Kopf. Heben Sie den Rumpf an und legen Sie den Ball auf die Unterschenkel, kehren Sie ohne Ball in die Ausgangsposition zurück – holen Sie den Ball wieder.

Alle Bewegungen im Zeitlupentempo ausführen!

Varianten
- Die Arme lagern mit dem Ball in den Händen vor dem Brustkorb (diese Übung ist gut für Anfänger geeignet).
- Dieselbe Übung ohne Physioband trainieren (diese Übung ist für Anfänger geeignet).

Hinweis
Achten Sie darauf, dass während des Krafttrainings weitergeatmet bzw. ausgeatmet wird!

84

Stabilisa-
tion
Rumpf/
Bauch

P1 liegt in Seitlage, die Hüfte ist senkrecht, und der Ball wird am Brustkorb fixiert. Das untere Bein von P1 liegt hinter, das obere vor der Körpermittelachse am Boden. P2 fixiert P1 an den Fußgelenken.

P1 hebt den Rumpf langsam seitlich hoch.

5 bis 8 Wiederholungen – Seitenwechsel.

Rollenwechsel.

Variante
- Die Hände fixieren den Ball über dem Kopf. Rumpf seitlich anheben.
- Die Arme sind über dem Kopf gestreckt, die Hände fixieren den Ball. Rumpf seitlich anheben.

Hinweise
- Die Übung, besonders die Variante, ist sehr anstrengend und für Anfänger und Kinder nur bedingt geeignet.
- Achten Sie darauf, dass während des Krafttrainings weitergeatmet bzw. ausgeatmet wird!

STABILISATION RUMPF- UND RÜCKENMUSKULATUR

∩

Stabilisation
Rumpf/
Rücken

Adduk-
toren/Ab-
duktoren

Fixieren Sie das Theraband mit dem Clip und legen Sie es sich doppelt bis 3-fach um die Unterschenkel. Legen Sie sich in Bauchlage, ziehen Sie den Bauch ein. Die Stirn lagert auf den Unterarmen, sodass durch Nase und Mund geatmet werden kann. Heben Sie die gestreckten Beine an. Drücken Sie mit den Beinen das Band auseinander.

4 bis 8 Wiederholungen – Pause – 2 bis 4 Serien

Variante
Die Arme sind gestreckt über dem Kopf. Führen Sie die Arme nur wenige Zentimeter über dem Boden auf Schulterhöhe und wieder zurück.

Hinweis
Üben Sie nicht ruckartig und halten Sie nie den Atem an!

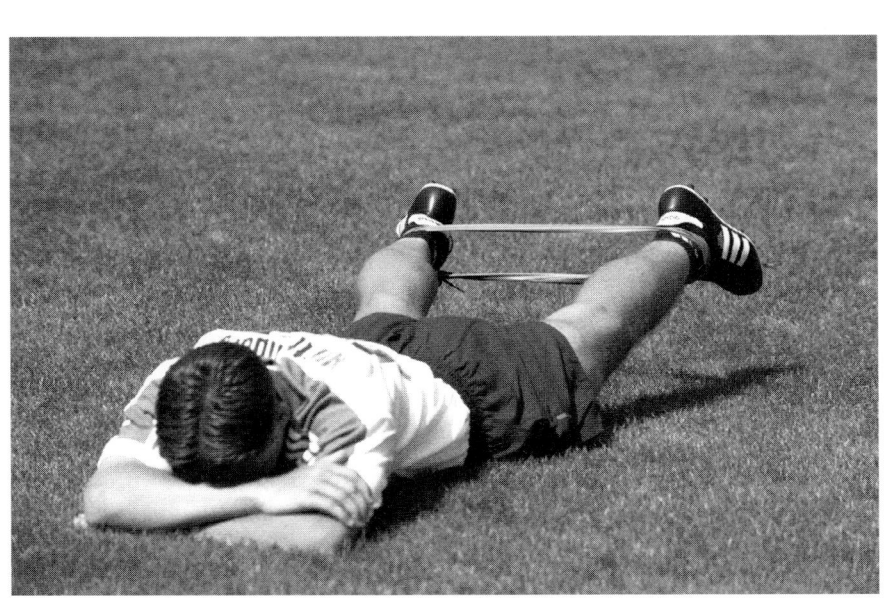

Stabilisation
Rumpf/
Rücken

Adduk-
toren/Ab-
duktoren

Fixieren Sie das Theraband mit dem Clip und legen Sie es sich doppelt bis 3-fach um die Unterschenkel. Legen Sie sich in Bauchlage, ziehen Sie den Bauch ein. Die Stirn lagert auf dem linken Unterarm, sodass durch Nase und Mund geatmet werden kann. Strecken Sie den rechten Arm. Heben Sie die gestreckten Beine an. Drücken Sie mit den Beinen das Band auseinander und schieben Sie den Arm maximal nach vorne.

4 bis 8 Wiederholungen – Pause – (Armwechsel) 2 bis 4 Serien.

Varianten
- Führen Sie den Arm nach oben und unten.
- Führen Sie die gestreckten Beine in Grundspannung über dem Boden nach links und rechts (und den Arm jeweils in die Gegenrichtung).

Hinweis
Üben Sie nicht ruckartig und halten Sie nie den Atem an!

Fixieren Sie das Theraband mit dem Clip und legen Sie es sich 3-fach um die Unterschenkel. Legen Sie sich in Bauchlage, ziehen Sie den Bauch ein. Die Stirn lagert auf den Unterarmen, sodass durch Nase und Mund geatmet werden kann. Heben Sie die gestreckten Beine an. Ein Bein zieht nach oben, das andere nach unten.

4 bis 8 Wiederholungen – Pause – 2 bis 4 Serien.

Varianten

- Heben Sie zusätzlich einen Arm (beide Arme) so weit an, dass kein Bodenkontakt mehr besteht!
- Führen Sie die gestreckten Arme über dem Boden bis auf Höhe der Schulterachse und strecken Sie die Arme wieder über den Kopf.

Hinweis
Üben Sie nicht ruckartig und halten Sie nie den Atem an!

In Bauchlage ruht die Stirn auf den Unterarmen. Klemmen Sie den Ball zwischen den Unterschenkeln ein.

Ziehen Sie den Bauch ein und heben Sie die gestreckten Beine mit dem Ball 5 bis 10 cm an.

6 bis 10 Wiederholungen.

2 bis 3 Serien.

Hinweise
- Bei dieser Übung werden verschiedene Muskelgruppen komplex trainiert. Zusätzlich zu der angegebenen unteren Rückenmuskulatur werden die Gesäßmuskeln, die hinteren Oberschenkelmuskeln und die Adduktoren gekräftigt.
- Atmen Sie während der Belastung aus!

Varianten
- Klemmen Sie den Ball zwischen den Unterschenkeln ein. Beugen Sie das Kniegelenk ca. 90 Grad und heben Sie die Oberschenkel ein wenig an.
- Strecken und beugen Sie das Kniegelenk, der Oberschenkel liegt aber nie auf dem Boden auf.
- Dieselbe Übung ohne Ball.

Stabilisa-tion Rumpf/ Rücken

Das Theraband wird mit dem Clip verbunden und 2- bis 4-fach um die Fußgelenke gewickelt. Ein Ball lagert auf den Unterschenkeln. In Bauchlage ruht die Stirn auf den Unterarmen.

Ziehen Sie den Bauch ein und heben Sie die gestreckten Beine mit dem Ball 5 bis 10 cm an. Drücken Sie das Theraband etwas auseinander und verschieben Sie die Beine langsam nach links und rechts.

6 bis 8 Wiederholungen. Vollständige Erholung!

2 bis 3 Serien.

Hinweise
- Bei dieser Übung werden verschiedene Muskelgruppen komplex trainiert. Zusätzlich zu der angegebenen unteren Rückenmuskulatur werden die Gesäßmuskeln, die hinteren Oberschenkelmuskeln und die Adduktoren gekräftigt.
- Atmen Sie während der Belastung aus!

In Seitlage legt man das Physioband
um den oberen Fuß. Die obere Hand
greift das Band, sodass eine Zugspannung vorhanden ist. In Grundspannung hebt man die Hüfte an, bis der
Unterarmstütz erreicht ist. Die Hüfte
darf nicht durchhängen.

Position mehrere Sekunden halten.

6 bis 10 Wiederholungen.

Seitenwechsel.

Variante

Gutgeübte können zusätzlich den Arm
über den Kopf strecken und dabei das
Physioband festhalten.

Hinweis

Achten Sie darauf, dass weitergeatmet
wird!

Liegestütz rücklings, beide Hände liegen auf einem Ball.

Die Hüfte darf nicht durchhängen. Gehen Sie langsam in die tiefere Liegestützposition – halten – und kehren Sie in die Ausgangsposition zurück.

Das Gleichgewicht sollte immer gehalten werden, d. h., das Becken sollte nie kippen.

Varianten
• Gehen Sie in kleinen Etappen tiefer und wieder zurück.

• Verlagern Sie das Gewicht mehr auf den linken (rechten) Arm.
• Heben Sie, bevor sie tiefer gehen, ein Bein an.
• Jede Hand liegt auf einem eigenen Ball.

Hinweise
Diese Übungen sind sehr anspruchsvoll und für jüngere Kinder nur bedingt geeignet. Personen mit großen Kraftdefiziten können diese Aufgaben nicht mit Wiederholungsserien ausführen.

Stabilisation
Rumpf/
Rücken

Schulter
Arm
oberer
Rumpf

Stabilisa-
tion
Rumpf/
Rücken

Schulter
Arm
oberer
Rumpf

Liegestütz, beide Füße – Zehen gestreckt – lagern auf dem Ball.

Die Hüfte darf nicht durchhängen. Gehen Sie langsam in die tiefere Liegestützposition – halten – und kehren Sie
in die Ausgangsposition zurück.

Das Gleichgewicht sollte immer gehalten werden, d. h., das Becken sollte nie
kippen.

Varianten
- Die Füße bleiben auf dem Ball als
  Drehpunkt fixiert. Laufen Sie mit
  den Händen mit (gegen) dem Uhr-
  zeigersinn im Kreis. – Überkreuzen
  Sie dabei die Arme.
- Gehen Sie in kleinen Etappen tiefer
  und wieder zurück.
- Verlagern Sie das Gewicht mehr auf
  den linken (rechten) Arm.

Liegstütz vorlings, beide Hände lagern auf dem Ball. Die Beine sind über Kreuz und drücken gegeneinander (stabilisieren damit den Rumpf).

Die Hüfte darf nicht durchhängen. Gehen Sie langsam in die tiefere Liegestützposition – halten – und kehren Sie in die Ausgangsposition zurück.

Das Gleichgewicht sollte immer gehalten werden, d. h., das Becken sollte nie kippen.

Varianten
- Gehen Sie in kleinen Etappen tiefer und wieder zurück.
- Verlagern Sie das Gewicht mehr auf den linken (rechten) Arm.

Stabilisa-
tion
Rumpf/
Rücken

Schulter
Arm
oberer
Rumpf

Liegestütz vorlings, beide Hände lagern seitlich neben dem Ball.

«Steigen» Sie mit beiden Händen auf den Ball – halten Sie kurz an und gehen Sie mit den Händen auf die andere Ballseite. Liegestütz ausführen und wieder zurück«wandern».

Das Gleichgewicht sollte immer gehalten werden, d. h., das Becken sollte nie kippen.

Varianten
- Gehen Sie in kleinen Etappen tiefer und wieder zurück.
- Verlagern Sie das Gewicht mehr auf den linken (rechten) Arm.
- Personen, die im Rücken zum Durchhängen neigen, weil die Kraft fehlt, dürfen die Hüfte höher nehmen.

Zwei Mannschaften spielen in einem begrenzten Raum (viertel, halbes Fußballfeld) gegeneinander.

Ziel ist, dass der Ring in einer festgelegten Zone vom eigenen Mitspieler, der auf einem Sportkreisel steht, gefangen wird (1 Punkt). Bevor ein Punkt erzielt werden darf, müssen drei verschiedene Mitspieler den Ring zugeworfen bekommen haben. Fällt der Ring auf den Boden, geht der Ringbesitz an die andere Mannschaft über. Mit dem Ring in der Hand darf nicht gelaufen werden.

Die Verteidigung ist nur nach «strengen» Basketballregeln erlaubt. Welche Mannschaft hat zuerst 6 Punkte?

Hinweise

*   Die abgegrenzte Zone, in welcher der Sportkreisel steht, darf von der verteidigenden Mannschaft nicht betreten werden.
*   Stellen Sie die Kreisel auf eine Matte, da dieser sonst beim Betreten wegrutschen kann.
*   Kann der fangende Spieler anschließend nicht auf dem Kreisel stehen bleiben, gibt es keinen Punkt.

Ring

Räumliche Orientie-rung

96

Ring/
Frisbee

Räumli-
che
Orientie-
rung

Zwei Mannschaften spielen in einem begrenzten Raum (viertel, halbes Fuß-ballfeld) gegeneinander mit dem Ring (Frisbee).

Ziel ist, dass der Ring (Frisbee) in einer festgelegten Zone vom eigenen Mitspieler gefangen wird (1 Punkt). Bevor ein Punkt erzielt werden darf, müssen drei verschiedene Mitspieler den Ring zugeworfen bekommen haben. Fällt der Ring (das Frisbee) auf den Boden, geht der Ring-/Scheiben-besitz an die andere Mannschaft über. Mit dem Ring (der Scheibe) in der Hand darf nicht gelaufen werden.

Die Verteidigung ist nur nach «stren-gen» Basketballregeln erlaubt. Welche Mannschaft hat zuerst 8 Punkte?

Varianten
- Spielen Sie 3 Gewinnsätze.
- Fällt der Ring auf den Boden, be-kommt diejenige Mannschaft das «Angriffsrecht», die ihn zuerst wie-der aufnehmen kann.

Hinweise
- Die Übung eignet sich in der Auf-wärmphase.
- Die Verwendung des Frisbees ist erst ab 12 Jahren empfehlenswert, da die Kinder davor kaum zum Spielen kommen, weil sie große Probleme beim Werfen und Fangen der Fris-beescheibe haben.

Zwei Mannschaften spielen in einem begrenzten Raum (viertel, halbes Fußballfeld) gegeneinander.

Ziel ist, dass der Ball in einer festgelegten Zone von eigenen Mitspieler der auf einem Sportkreisel steht, gefangen wird (1 Punkt). Bevor ein Punkt erzielt werden darf, müssen drei verschiedene Mitspieler den Ball zugespielt bekommen haben. Der Ball muss aber als Bodenpass zum Mitspieler und zum Sportkreisel gespielt werden. Mit dem Ball in der Hand darf nicht gelaufen werden.

Die Verteidigung ist nur nach «strengen» Basketballregeln erlaubt. Welche Mannschaft hat zuerst 6 Punkte?

Varianten

- Spielen Sie 3 Gewinnsätze.
- Fällt der Ball auf den Boden, bekommt diejenige Mannschaft das «Angriffsrecht», die ihn zuerst wieder aufnehmen kann.

Hinweise

- Die abgegrenzte Zone, in welcher der Sportkreisel steht, darf von der verteidigenden Mannschaft nicht betreten werden.
- Stellen Sie die Kreisel auf eine Matte, da dieser sonst beim Betreten wegrutschen kann.
- Kann der fangende Spieler anschließend nicht auf dem Kreisel stehen bleiben, gibt es keinen Punkt.

KRÄFTIGUNG OBERSCHENKEL-RÜCKSEITE

**Kräfti-
gung
Ober-
schenkel-
rückseite**

In Rückenlage drücken die Hände
einen Ball direkt über dem Kopf gegen
den Boden. Beugen Sie das rechte Bein
im Hüft- und Kniegelenk 90 Grad und
das linke Bein ca. 100 Grad, sodass es
auf dem Fuß steht. Heben Sie das Becken an, bis es minimal überstreckt ist,
und ziehen Sie die Ferse zum Körper.

4 bis 6 Wiederholungen.

Beinwechsel.

Hinweis
Die Übung ist sehr anstrengend und
für Anfänger nicht empfehlenswert.

**Kräfti-
gung
Ober-
schenkel-
rückseite**

P1 befindet sich im Kniestand, die Knie lagern auf einer weichen Unterlage (Handtuch, Rasen, Matte). P2 hält beide Unterschenkel zuverlässig fest. P1 geht langsam mit dem Oberkörper nach vorne, ohne dabei in der Hüfte nach vorne zu kippen, und kehrt ebenso langsam wieder zum Ausgangspunkt zurück. Der Ball wird dabei hinter dem Kopf gehalten.

3 bis 6 Wiederholungen bei maximaler Belastung.

Rollenwechsel.

Variante
Die gestreckten Arme halten den Ball über dem Kopf. Die Variante ist nur für Geübte geeignet!

Hinweise
- Je weiter die Arme vom Körpermittelpunkt nach oben verlagert werden, desto anstrengender wird die Übung.
- Die Übenden sollen sich vorsichtig an die Maximalbelastung heranwagen, damit sie nicht nach vorne kippen, wenn sie die Belastung nicht mehr halten können.
- Falls die Oberschenkelmuskulatur krampft, Übung sofort abbrechen und die Oberschenkelrückseitenspannung wieder mit dem PI-Effekt lösen.

P1 liegt in Bauchlage, die Stirn ruht auf den Unterarmen. P2 befindet sich hinter den Füßen. P1 winkelt den linken Unterschenkel senkrecht an. Während P2 dieses Bein langsam in Richtung Boden drückt, soll P1 dagegen maximalen Widerstand leisten.

4 bis 8 Wiederholungen, Beinwechsel.

Rollenwechsel.

Hinweis
Achten Sie auf ein langsames, aber kontinuierliches Trainingstempo.

101

Kräfti-
gung
Ober-
schenkel-
rückseite

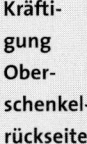

In Rückenlage führen Sie die Hände
neben den Kopf. Sie beugen beide
Beine ca. 100 Grad und ziehen die Zehen an. Heben Sie das Becken an, bis es
minimal überstreckt ist, und ziehen Sie
die Fersen zum Körper, ohne dass eine
Bewegung zustande kommt.

Hinweise

- Sind die Füße weiter auseinander, ist
  die Übung leichter, stehen sie dicht
  nebeneinander, ist die Übung
  schwieriger.
- Achten Sie darauf, ruhig weiterzuatmen. Wenn eine regelmäßige At-
  mung kaum möglich ist, atmen Sie
  während der Belastung aus.
- Das Becken darf während der Ausführung nicht seitlich kippen.

102

Kräfti-
gung
Ober-
schenkel-
rückseite

In Rückenlage führen Sie die Hände neben den Kopf, winkeln das linke Bein an, beugen das rechte Bein ca. 100 Grad und ziehen die Zehen an. Heben Sie das Becken an, bis es minimal überstreckt ist, und ziehen Sie die Fersen zum Körper, ohne dass eine Bewegung zustande kommt.

Hinweise
- Diese Übung ist anspruchsvoll und für Kinder und Untrainierte nur bedingt geeignet.
- Achten Sie darauf, ruhig weiterzuatmen. Wenn dies schwer fällt, atmen Sie während der Belastung aus.
- Das Becken darf während der Ausführung nicht seitlich kippen.

Kräftigung Gesäss

Fixieren Sie das Theraband mit dem Clip und legen Sie es sich 3-fach um die Füße. Legen Sie sich in Bauchlage, legen Sie die Stirn auf die Unterarme und strecken Sie die Unterschenkel senkrecht nach oben. Heben Sie die Oberschenkel und Knie 3–5 cm an und ziehen Sie anschließend das Band mit den Unterschenkeln auseinander.

Hinweis

Diese Übung trainiert nicht nur den Gesäßmuskel, sondern auch die Rückenmuskulatur und Oberschenkelrückseite.

Variante

Führen Sie zusätzlich noch einen Arm über den Kopf und ziehen Sie ihn etwas über den Boden nach vorne.

Kräftigung Gesäßmuskulatur

Rückenmusk.

Kräfti-
gung
Ober-
schenkel-
rückseite

Kräfti-
gung
Gesäß-
musku-
latur

P1 liegt in Bauchlage, P2 lagert seitlich neben den Unterschenkeln, und beide Unterarme liegen zu den Unterschenkeln von P1. P1 soll die Unterschenkel gegen die Unterarme von P2 nach oben drücken. P2 gibt nur minimal nach und fixiert die Position, wenn die Beine den Boden nicht mehr berühren.

4 bis 8 Wiederholungen.

Wechseln Sie die Position.

Variante
Jedes Bein kann auch einzeln trainiert werden.

Hinweis
Achten Sie darauf, dass P1 regelmäßig weiteratmet!

P1 liegt in Bauchlage, P2 lagert seitlich neben (oder hinter) den Unterschenkeln, und beide Unterarme liegen senkrecht zu den Unterschenkeln von P1. P1 beugt die Unterschenkel ca. 90 Grad. P2 drückt beide Beine in Richtung Boden, ohne dass wirklich die Beine gestreckt werden.

4 bis 8 Wiederholungen.

Wechseln Sie die Position.

Varianten
- P1 hebt zusätzlich die Knie etwas an.
- Jedes Bein kann auch einzeln trainiert werden.

Hinweis
Achten Sie darauf, dass P1 regelmäßig weiteratmet!

ANHANG

GLOSSAR

Adduktoren Muskelgruppe an der Oberschenkelinnenseite, die das Anziehen des Beines ermöglicht.

Abduktoren Muskeln, die das Bein seitlich vom Körper abspreizen.

Agonist In der Bewegungsrichtung wirkend. Muskel, der eine bestimmte, dem Antagonisten entgegengesetzte Bewegung ausführt. Bei vielen Bewegungen wirken verschiedene Muskeln zusammen (Synergisten).

Aktin Eiweiß in der Muskelfaser. Zusammen mit dem Eiweiß Myosin ist es der «Motor» der Bewegung. Indem sich Myosin und Aktin ineinander verschieben, verkürzt (bewegt) sich der Muskel.

Aktionspotenzial Durch Na-Einstrom provozierte Potenzialänderung von Muskeln oder Nerven, welches eine Reizweiterleitung bedeutet.

Ansatz Muskelansatzstelle am vom Körper entfernt gelegen (beweglichen) Knochen.

Antagonist Die der Bewegungsrichtung entgegenwirkenden Muskeln, die so genannten Gegenspieler zu den Agonisten.

ATP (Adenosintriphosphat) Der Muskel verbraucht beim Kontrahieren Energie. Das ATP ist der Energieträger. Beim «Verbrennen» vorwiegend von Zuckermolekülen (Glukose) spaltet sich eine der drei Phosphatgruppen vom ATP ab. Dabei wird Energie frei, und Adenosindiphosphat (ADP) bleibt zurück. Wenn der Muskel ermüdet, kann dies u. a. an ATP-Mangel liegen. Die Kontraktion funktioniert nicht mehr, weil die Energievorräte erschöpft sind.

Axon Hauptverbindung zwischen zwei Nervenzellen oder einer Nervenzelle und dem Muskel.

Beweglichkeit ergibt sich aus dem Zusammenspiel von Nerven, Muskeln und den Sehnen und Bändern; die Fähigkeit, Bewegungen mit großer Amplitude auszuführen.

Beweglichkeitstraining hat zum Ziel, Bewegungen mit optimaler Schwingungsweite zu ermöglichen, ohne dass dabei Verletzungen auftreten oder provoziert werden.

Dendrit Kleinere Nervenfaserfortsätze, wodurch Nervenzellen miteinander verbunden werden (bis zu 50 000 je Nervenzelle).

Distal Entfernt von der Körpermitte.

Enzym Eiweißteilchen, das biochemische Reaktionen im Körper beschleunigt.

Elektromyographie Die Aktionspotenziale des Muskels werden durch Ableitung von der Haut oder mittels Nadelelektroden elektronisch erfasst und als Elektromyogramm dargestellt.

Faszie Die bindegewebige Hülle der Skelettmuskulatur.

Fixieren Befestigen (z. B. Muskel und Gelenke befinden sich in einer stabilen Position, sodass sie nicht ausweichen können).

Golgi-Sehnenorgan Sinnesorgan der Sehne zum Messen der augenblicklichen Spannung bzw. Spannungsänderung, die durch die Kontraktionskraft des Muskels bedingt ist.

Histamin Gewebehormon.

Hypermobilität (Anormale) Überbeweglichkeit des Gelenks. Beispiel: Eine Hyperlordose ist ein «Hohlkreuz» über das normale Maß hinaus.

Hypomobilität Die Beweglichkeit eines Gelenks ist (anormal) eingeschränkt. Beispiel: Der Arm kann nicht mehr senkrecht über den Kopf gestreckt werden.

Iliopsoas Lendendarmbeinmuskel (Hüftbeuger), der von der Lendenwirbelsäule und der Darmbeinschaufel zum kleinen Rollhügel des Oberschenkelknochens verläuft.

Infiltration Einbringen von Substanzen in Gewebe durch Injektion.

Innervieren Erregen, aktivieren (Nervenzellen die Muskelfasern).

Intermuskuläre Koordination Zusammenspiel motorischer Einheiten verschiedener Muskeln (die aktivierende Wirkung eines Agonisten steht in einem koordinativen Zusammenhang mit der hemmenden Wirkung des Antagonisten).

Intramuskuläre Koordination Zusammenspiel verschiedener motorischer Einheiten in einem Muskel und die nervös abgestimmte Zusammenarbeit von verschiedenen Muskelanteilen (z. B. die vier Anteile des Quadriceps, die zusammen Kraft aufbringen müssen).

Ischiocrurale Muskelgruppe Beugemuskulatur der Oberschenkelrückseite.

Isometrische Muskelkontraktion Der Muskel ist an beiden Seiten (Ursprung und Ansatz) fest fixiert. Es erfolgt eine Spannungsänderung, aber keine Längenänderung.

Kontraktion Das Sichzusammenziehen, Verkürzen des Muskels bei Bewegung.

Längsband, vorderes und hinteres Lange Bänder zur Stabilisation der Wirbelsäule. Sie erstrecken sich vom Kreuzbein bis zum Schädel vor bzw. hinter dem Wirbelkörper entlang und verlaufen zum Teil im Wirbelkanal.

Luxation Verrenkung, Auskugelung eines Gelenks, sodass die Gelenkpartner (Kopf/Pfanne) keine richtige Position mehr miteinander haben.

Motoneuron Nerv, der die Skelettmuskulatur mit Impulsen versorgt.

Motorische Einheit Alle Muskelfasern, die von einem Motoneuron als funktionale Einheit innerviert werden.

Motorische Endplatte Die Endverbindung (Synapse) eines motorischen Nervs auf die quer gestreifte Muskelfaser.

Muskelfaser Zusammenziehbare Zelle in der quer gestreiften Skelettmuskulatur.

Muskelspindel Rezeptoren in allen Skelettmuskeln, welche die augenblickliche Muskellänge und Muskelspannung wahrnehmen. Sie haben eine wichtige Funktion bei Muskelreflexen.

Muskuläre Dysbalancen Funktionelles Ungleichgewicht zwischen den Muskelgruppen. Durch «Verkürzung» oder Abschwächung hervorgerufene Störung des harmonischen Zusammenspiels und des Kräftegleichgewichts einzelner Muskeln oder Muskelgruppen (im Verhältnis zu den anderen Muskeln).

Nerv Fadenstrangartiger Erregungsleiter. Zum Beispiel leiten die über Synapsen verbundenen Nerven bewegungsdienende Impulse vom Gehirn zur Muskelfaser (in die motorische Endplatte) weiter.

Neurophysiologie Befasst sich mit dem elektrophysikalischen Nerv-Muskel-Zusammenspiel und der elektrischen Weiterleitung von Nervenimpulsen.

Phasische Muskulatur Bewegungsmuskulatur; neigt zum Abschwächen.

Physiologie Lehre der körperlichen Vorgänge.

PI-Effekt Ergebnis eines Beweglichkeitstrainings, bei dem progressiv-intermittierend (voranschreitend mit Unterbrechungen) geübt wird. In der optimalen Dehnposition erfolgt eine isometrische Muskelanspannung, die wieder gelöst wird. Durch diesen Vorgang kommt es zu einer Rückkopplung, wobei die Muskeln über das ZNS besser koordiniert (gesteuert) und Muskelverspannungen gelöst werden, sodass anschließend eine bessere Beweglichkeit zustande kommt.

Präventiv Vorbeugend, verhütend (vor Verletzungen oder Rückenschmerzen).

Pronation Einwärtsdrehung.

Protein Eiweiß, aus Aminosäuren zusammengesetzte, zumeist kettenförmige Struktur.

Quadriceps Vierköpfiger (vier verschiedene) Muskel(n) der Oberschenkel-Vorderseite. Ein Teil der Hüftbeugemuskulatur.

Rehabilitation Ein geschädigter Körper (z. B. Muskelschwund aufgrund einer Verletzung oder eines Unfalls) soll durch geeignete Maßnahmen in den früheren Stand wiederhergestellt werden.

Rezeptoren Spezialisierte Nervenzellen, die bestimmte Veränderungen im Organismus (z. B. Spannungsänderungen) wahrnehmen und diese dem Nervensystem mitteilen.

Rotation Drehbewegung.

Sehne Verbindung zwischen Muskel und Knochen.

Spinal Vom Rückenmark ausgehend.

Supination Auswärtsdrehung (Eselsbrücke: «wie man eine Suppe löffelt», z. B. Kammgriff bei Gerätturnen).

Synapse Verbindung zwischen zwei Nervenzellen oder einer Nervenzelle und einem Erfolgsorgan (z. B. Muskel).

Titin Das größte bekannte Protein, das für die Grundspannung des Muskels verantwortlich ist. Nach Aktin und Myosin ist Titin das dritthäufigste Muskeleiweiß. Titinketten bestehen aus 30 000 Aminosäuren und haben eine Molekülmasse von etwa 3 Millionen Dalton; beim erwachsenen Mann stellt Titin ca. 400 Gramm des Körpergewichts.

Tonische Muskulatur Haltemuskulatur, neigt zum Verkürzen.

Synergisten Muskeln, die bei einer Bewegung zusammenwirken.

Ursprung Muskelansatzstelle am zur Körpermitte hin gelegenen (unbeweglichen) Knochen.

Willkürliches Nervensystem Die Innervationsimpulse aus der Großhirnrinde zu den Muskelgruppen unterliegen dem subjektiven Eindruck des Wollens. Beim Beginn und der Organisation von Bewegungsabläufen wirkt das willkürliche Nervensystem mit.

Zentralnervensystem (ZNS) Die verschiedenen Anteile des Gehirns unter der Schädeldecke und die Nerven im Wirbelkanal der Wirbelsäule bilden gemeinsam ein komplex verbundenes Informationsverarbeitungssystem.

LITERATURHINWEISE

Anderson, B.: Stretching, München 1990.

Anrich, C.: Rückenschule in Theorie und Praxis, sportiv Thema, Leipzig; Düsseldorf Stuttgart ⁴2002.

Anrich, C.: Trainingsbuch Beweglichkeit, Reinbek 2000.

Anrich, C: Koordination, Grundlagen für Schule und Verein, Leipzig 2001.

ARAG (Hrsg.): Unfallverhütung im Fußball, Teil 1 Spielformen für den Kinder- und Jugendbereich.

ARAG (Hrsg.): Unfallverhütung im Fußball, Teil 2 Maßnahmen zur Vermeidung von Sprunggelenksverletzungen bei den Junioren.

ARAG (Hrsg.): Unfallverhütung im Fußball, Teil 3 Maßnahmen zur Vermeidung von Knieverletzungen bei den Junioren.

Barteck, Oliver: Fitness Manual, Köln 1998.

Beigel, K. / Gruner, S. / Gehrke, T.: Gymnastik Falsch und Richtig, Reinbek [2]1995.

Benninghoff, A.: Anatomie, München 1994.

Böning, D.: Muskelkater, In: Deutsches Ärzteblatt, Jg. 99, Heft 6, 8. Februar 2002.

Brenner, B.: Muscle Mechanics II, Skinned Muscle Fibres. In: Sugi, H. (Hrsg.): Current Methods in Muscle Physiology, Oxford University Press, 1998, 33–69.

Brokmaier, A.: Manuelle Therapie, Stuttgart [2]1996.

DFB (Hrsg.): 100 Jahre DFB, Die Geschichte des Deutschen Fußball-Bundes, Berlin [2]1999.

Freiwald, J.: Prävention, Rehabilitation im Sport, Reinbek 1989.

Freiwald, J.: Aufwärmen im Sport, Reinbek [2]1993.

Fürst, D. O.: Titin, ein molekularer Gigant regiert im quer gestriften Muskel, Deutsche Zeitschrift für Sportmedizin, Jahrgang 50 (1999), Nr. 7+8, 218–222.

Gehrke, T.: Sportanatomie, Reinbek 1999.

GEO-Wissen: Gehirn, Gefühl, Gedanken, Nr. 1, 25. Mai 1987.

Grifka, J.: Die Knieschule, Reinbek 2002.

Hollmann, W. / Hettinger Th.: Sportmedizin, Stuttgart 2000.

Jung, K. (Hrsg.): Gesundheit durch Sport, Umsetzung sportmedizinischer Erkenntnisse in der Praxis, Niederhausen 1999.

Klinke, R. / Silbernagel, S: Lehrbuch der Physiologie, Stuttgart [2]1996.

Knebel, K.-P.: Funktionsgymnastik, Reinbek [11]1993.

Knebel, K.-P. / Herbeck, B. / Hamsen, G.: Fußball Funktionsgymnastik, Reinbek 1988.

Künnenmeyer, J. / Schmidtbleicher, D.: Entwicklung der Gelenkbeweglichkeit durch rhythmische neuromuskuläre Stimulation (RNS), In: Sportverletzung Sportschaden 11 (1997), 106108.

Linke, Wolfgang: Ruperto Carola, Faszinierendes Riesenmolekül, 1 / 2000.

Magid, A. / Law, D. J.: Myofibrils Bear Most of the Resting Tension in Frog Skeletal Muscles, In: Science 230 (1985), 1280–1282.

Marschall, F. / Ohlendorf, K. / Ott, H. / Schönthaler, S.: 1. Saarbrücker Expertengespräch zum Beweglichkeitstraining / Stretching: Aktuelle Fragen und Forschungsperspektiven, 12. Dezember 1997.

Marschall, F.: Wie beeinflussen unterschiedliche Dehnintensitäten kurzfristig die Veränderung der Bewegungsreichweite? In: Deutsche Zeitschrift für Sportmedizin, Jahrgang 50, Nr. 1 (1999), 5–9.

Meinel, K. / Schnabel, G.: Bewegungslehre – Sportmotorik, Berlin [8]1987.

Mense, S: Neurologie des Muskelschmerzes, Sportmedizin 51 (2000), 190–195.

Müller-Wohlfahrt, H.-W. / Montag, H. J. / Diebschlag, W.: Süße Pille Sport, Verletzt … was tun?, München [3]1990.

Müller-Wohlfahrt, H.-W.: Diagnostik und Therapie von Muskelzerrungen und Muskelfaserrissen, In: Sportorthopädie – Sporttraumatologie, 17, 17–20 (2001).

Renström, P.: Sportverletzungen und Überbelastungsschäden, Prävention, Therapie, Rehabilitation, eine Veröffentlichung der medizinischen Kommission des IOC in Zusammenarbeit der FIMS, Köln 1997.

Saur, P. (Hrsg): Sport und Beweglichkeit, Symposium 13. 5. 2000, Göttingen 2000.

Schmid, A.: Regeneration und Prävention, In: Der Fußballtrainer, Nr. 10, 1999.

Schmidt, R. F. / Thews, G. (Hrsg.): Physiologie des Menschen, Berlin [26]1995.

Schmidtbleicher, D.: Training for Power Events, In: Komi, P. (Ed.): Strength and Power in Sport. Encyclopaedia of Sports Medicine III, Oxford 1992, 381–384.

Sölveborn, S. A.: Das Buch vom Stretching, München 1983.

Vollheim, T. / König, S.: Neurophysiologie, Göttingen 1996[2].

Wagner, G. / Schupp, G.: Essen, Trinken, Gewinnen, Schaffheim 1991.

Wiemann, K. / Hahn, K.: Influences of Strength, Stretching and Circulatory Exercises on Flexibility Parameters of the Human Hamstrings, In: Int. J. Sports Med. 18 (1997), 340–346.

Wiemann, K. / Klee, A. / Startmann, M.: Filamentäre Quellen der Muskel-Ruhespannung und die Behandlung muskulärer Dysbalancen, In: Deutsche Zeitschrift für Sportmedizin 49 (1998) 4, 111–116.

Wiemann, K. / Klee, A.: Die Bedeutung von Dehnen und Stretching in der Aufwärmphase vor Höchstleistungen, Leistungssport 4 / 2000, S. 5–9.

Williams, P. E. / Goldspink, G.: Longitudinal Growth of Striated Muscle Fibres, J. Cell Sci. 9 (1971), 757–767.

Wolf, D.: Athromuskuläres Gleichgewicht, In: Deutsche Zeitschrift für Sportmedizin, Jahrgang 51, Nr. 3 (2000).

Wydra, G.: Stretching ein Überblick über den aktuellen Stand der Forschung, Sportwissenschaft 27 (1997) 3, 409–427.

Wydra, G. / Glück, S. / Roemer, K.: Kurzfristige Effekte verschiedener singulärer Muskeldehnungen, In: Deutsche Zeitschrift für Sportmedizin, Jahrgang 50, Nr. 1 (1999), S. 10–16.

DER AUTOR

Christoph Anrich, Jahrgang 1963, Sport- und Religionslehrer in der Kerschensteinerschule Reutlingen, wirkte 21 Semester am Institut für Sportwissenschaft in Tübingen im Bereich des allgemeinen Hochschulsports, der Lehrer- und Diplomsportlehrerausbildung. Als Lehrbeauftragter ist er am Landesinstitut für Schulsport in Baden-Württemberg und in Fortbildungen für das Oberschulamt Tübingen als Schulberater für Fragen der «Bewegten Schule» und Gesundheitserziehung aktiv.

Für den Rowohlt Taschenbuch Verlag verfasste er das «Trainingsbuch Beweglichkeit». Als Referent für den Württembergischen Fußballverband bildet er in der Sportschule Ruit die B-Lizenzinhaber in Theorie und Praxis fort, wirkt in der Übungsleiterausbildung, der Übungsleiter-P-Ausbildung und in Seminaren für den Breiten- und Freizeitsport in der Akademie des württembergischen Sports in Wangen / Allgäu mit. Die württembergische U19- und U17-Auswahl betreut Anrich physiotherapeutisch. Mit der U19-Auswahl gewann er 2001 den Deutschen Länderpokal, mit der U17-Auswahl belegte er im selben Jahr den dritten Platz. Seit dem Jahr 2002 setzt Anrich die Präventionsmaßnahmen und Übungen zur Leistungssteigerung im Rahmen der Nachwuchsförderung beim VfB Stuttgart und in der U16-Nationalmannschaft systematisch und auf einzelne Spieler zugeschnitten um.

Für den DFB referiert er den Themenbereich des Buches in der Fußballlehrerausbildung in Köln sowie in der A-Lizenzausbildung. Auch für andere Sportverbände im In- und Ausland hält Anrich Fortbildungen zu Themen der Verletzungsprophylaxe und zu koordinativen Fähigkeiten.

DAS MODELL

Bedanken möchte ich mich bei Manuel Bölstler, mehrmaliger süddeutscher Meister im Jugendfußball und 2001 Deutscher A-Jugendpokalsieger mit dem VfB Stuttgart. Er dachte bei den Aufnahmen immer einfühlsam mit, sodass die Übungen bei der Demonstration gut abgelichtet werden konnten.

Ich bedanke mich ebenfalls bei der Firma adidas für die Ausstattung der Modelle. Besonderen Dank richte ich an Dr. Eberhard Gekeler und Frank Wild für die Durchsicht des Manuskriptes. Anerkennung gebührt Bernd Gottwald, der die Entstehung des Buches wieder auf angenehmste Weise begleitet hat.

Ole Petersen
Lifepower
Das Anti-Aging-Programm
Mit Entspannungs-CD (61000)

– Sie fühlen sich jünger.
– Sie sind gesünder.
– Sie bauen Fett ab.
– Sie sind resistenter.
– Sie sehen fitter aus.
– Sie sind ausgeglichener.
– Sie sind sexuell aktiver.
All dies und noch viel mehr erreichen Sie mit dem Lifepower-
Programm von Ole Petersen. Er selbst brachte es in wenigen
Jahren vom Nichtsportler zum Rekordhalter im Doppel-
Ironman – und all das mit seiner sanften und zeitsparenden
Methode: dem Drei-Säulen-Programm
Bewegung – Entspannung – Ernährung.

Ole Petersen
Marathon
Das 4-Stunden-Programm
(19486)

Ein Buch für alle Freizeit-, Hobby- und Ausdauersportler, die
schon einmal mit dem Gedanken gespielt haben, einen
Halbmarathon oder Marathon zu bewältigen. Das ist leichter
als gedacht, denn Ole Petersen, Rekordhalter auf der Double-
Ironman-Distanz, steht dafür, dass es möglich ist, mit einem
Trainingsaufwand von nicht mehr als durchschnittlich vier
Stunden pro Woche dieses Ziel zu realisieren.
Vor allem wendet sich dieses Buch an die so genannten
«Finisher», deren Hauptinteresse es ist, die langen Strecken
zu bewältigen und nicht unbedingt im Spitzenfeld abzuschlie-
ßen. Doch auch Leistungssportler können dieser sanften
Methode vieles abgewinnen.

Der Triathlon-Trainer
Die besten Programme
(sport 61012)
von Herrmann Scharnagl

Das Basketball-Handbuch
(sport 19427)
Hg. von Günter Hagedorn,
Dieter Niedlich und
Gerhard J. Schmidt

Bodybuilding
Die besten Übungen
(sport 19483)
von Berend Breitenstein

Runner`s World: Marathon
Die besten Programme
(sport 61010)
von Thomas Steffens

Trainingsbuch Indoor-Cycling
*Die besten Programme für
Ausdauer und Gesundheit*
(sport 61008)
von Ingo Froböse

**Rückentraining mit dem
Thera-Band®**
*Fit und gesund mit
Kleingeräten*
(sport 61001)
von Hans-Dieter Kempf

Trainingsbuch Fatburner
*Der leichte Weg zum
richtigen Gewicht*
(sport 19498)
von Sabine Kempf

Jonglieren
(sport 19434)
von Adrian Voßkühler

**Krafttraining mit dem
Thera-Band®**
Die besten Übungen
(sport 19484)
von Hans-Dieter Kempf und
Andreas Strack

Tanzen
*Die wichtigsten Schritte für
Anfänger und
Wiedereinsteiger*
(sport 19451)
von Kurt Braunmüller

Tennis-Funktionsgymnastik
*Tischtennis, Badminton,
Squash*
(sport 18621)
von K.-Peter Knebel, Bernd
Herbeck, Susanne Schaffner

Weitere Informationen in der
Rowohlt Revue, kostenlos im
Buchhandel, und im **Internet:
www.rororo.de**

Die 10-Minuten-Programme
für eine tolle Figur:

**Bodytrainer
Bauch, Taille, Hüfte**
(sport 19407)
von Sabine Letuwnik

**Bodytrainer
Brust und Arme**
(sport 19408)
von Sabine Letuwnik

**Bodytrainer
Po und Beine**
(sport 19409)
von Sabine Letuwnik

Der Hantel-Krafttrainer
Die besten Übungen
(sport 61013)
von Hans-Dieter Kempf

**Der Bodytrainer. Das Programm
für Ihre Wunschfigur**
(sport 19460)
von Sabine Letuwnik
und Jürgen Freiwald

Bodytrainer Schwangerschaft
*Fit für zwei durch Bewe-
gung und Entspannung*
(sport 19461)
von Marion Appel-Schiefer

**Bodytrainer für Männer:
Bauch**
(sport 19438)
von Sabine Letuwnik
und Jürgen Freiwald

**Bodytrainer für Männer:
Fit von Kopf bis Fuß**
(sport 19439)
von Sabine Letuwnik
und Jürgen Freiwald

Bodytrainer Tubing *Der
effektive Weg zu besserer
Fitness und einer guten
Figur*
(sport 19493)
von Andreas Wnuck

Muskeltraining
*Übungsprogramme mit
Kleingeräten*
(sport 18640)
von Johannes Mende

Power-Bodybuilding
*Erfolgreich, natürlich,
gesund*
(sport 19470)
von Berend Breitenstein

**Fit und schön mit dem
Thera-Band®**
Trainingsbuch für Frauen
(sport 19479)
von Hans-Dieter Kempf

Trainingsbuch Bauchmuskulatur
(sport 19469)
von Heinz Helge Fach

Das Bodyprogramm
*Die besten Übungen für
Kraft, Beweglichkeit und
Entspannung*
(sport 61005)
von Stefan Schönthaler

Weitere Informationen in der
Rowohlt Revue, kostenlos im
Buchhandel, und im **Internet:
www.rororo.de**